KB167133

영화로 보는 로큰롤

차례

Contents

프롤로그

영화음악은 영화의 배경으로 큰 부분을 담당해왔지만, 영화의 도구 중 하나일 뿐이었다. 하지만 음악의 비중이 큰 영화가 있다. 어떤 영화는 음악이 영화의 핵심 소재나 주제가 된다. 다큐멘터리 형태로 특정 뮤지션이나 음악에 관해 다루기도 하고 극영화를 통해 접근하기도 한다. 특정 뮤지션이나 음악 장르를 언급하지는 않지만, 음악 자체가 단순한 배경을 넘어서는 영화도 있다.

로큰롤은 극단을 향해 달린 20세기의 상징과도 같으며, 로큰롤과 함께한 많은 이들의 인생은 어떤 소재보다 극적이면서 보편적인 삶의 진실을 포함하기도 한다. 반면 영화는 음악에 비해 이야기로 풀어나가기 좋은 방식이기도 하다. 지금 대중음악이 영화 같은 영상 매체에 과도하게 종속적인 것처럼, 로큰롤은 시작할 때부터 영화란 매체의 도움으로 성장한 것 역시 눈여겨볼 부분이다.

로큰롤을 이해하는 보편적인 방법은 공연장에 가거나 음반을 구입하는 것이지만, 로큰롤을 주제로 한 영화를 보면 음악으로만 듣고 이해했던 아티스트와 로큰롤의 일면을 다른 방식으로 보고 느낄 수 있다. 한편으로 지금은 직접 확인할 수 없는 특정 시대의 트렌드와 역사적 사건이 있었던 순간을 간접 체험할 수도 있다.

이제부터는 영화를 통해 로큰롤의 역사를 재구성할 것이다. '로큰롤의 탄생'에서는 로큰롤의 토대가 될 블루스에서 엘비스 프레슬리(Elvis Presley)나 척 베리(Chuck Berry) 같이 로큰롤을 탄생시킨 이들을 다룰 것이다. '거인의 시대'에서는 비틀스가 미국에 상륙한 이후 브리티시 인베이전(British Invasion)으로 분류되는 영국 뮤지션과 이에 대한 미국의 응답을 확인한다. '자극의 시대'에서는 보다 자극적이고 장인적 전통에 기반을 둔 70년대의 특징과, 70년대 후반 음악적 충격을 주었던 디스코와 펑크에 관한 이야기를 다룰 것이다. '댄스와 팝의 시대'에서는 기존 록의 무거움을 대신하는 팝과 댄스에 거부감이 없는 새로운 록의 흐름을 살펴본다. '대안을 찾아서'에서는 그런지, 브릿팝, 일렉트로니카, 인디록 등 이전 록음악의 대안으로 평가되는 90년대 이후의 경향에 관한 내용을 다룰 것이다.

여기서 소개되는 영화들은 몇몇 작품을 제외하면 걸작의 반열에 올려놓기에 다소 무리가 있다. 그럼에도 로큰롤을 좋아한다면, 그리고 로큰롤을 좋아하는 방식으로 발을 구르고 머리를 끄덕이며 순간의 희열에 집중한다면 충분히 매력적인 작품일 것이다.

로큰롤의 탄생

십자로(Crossroads, 1986)

한국사를 말할 때 단군 신화부터 시작하듯, 블루스에 근원을 둔 록과 팝의 시작에는 로버트 존슨(Robert Johnson) 신화가 존재한다. 그리고 단군 신화에 환웅, 환인, 웅녀가 등장한다면, 로버트 존슨의 신화 이전에도 손 하우스(Son House)[1], 찰리 패튼(Charlie Patton)[2], 스킵 제임스(Skip James)[3] 그리고 미시시피의 플랜테이션[4]과 아프리카 서해안의 역사가 등장한다. 그럼에도 로버트 존슨이 'Crossroad Blues'를 쓴 사건은 21세기 대중음악에서 하나의 영년이다.

영화 〈십자로〉는 로버트 존슨의 신화를 효과적으로 재해석한 작품이다. 랄프 마치오가 연기한 한 소년은 로버트 존슨의 비밀을 찾아 나서고, 로버트 존슨이 그랬던 것처럼 악마와 거래를 한다. 이는 로버트 존슨의 전설을 재활용하고 새로운 의미를 부여한 것이다. 로버트 존슨의 전설은 다음과 같다.

사람들로부터 기타 실력을 인정받지 못한 로버트 존슨은 십자로에서 악마로 보이는 거대한 덩치의 검은 인물을 만난다. 악마는 로버트 존슨의 영혼을 언제든지 데려갈 수 있다는 것을 조건으로 그의 기타를 튜닝하고 몇몇 곡을 연주한 후 돌려주었다. 이후 로버트 존슨의 실력은 믿을 수 없이 향상되었지만, 그에 대한 대가로 1938년 의문사한다. 사인은 여자 친구에 의한 독살로 추정된다. 다행히 로버트 존슨이 직접

〈십자로〉 중에서. 기타 배틀 중인 스티브 바이와 랄프 마치오.

작곡한 29개의 곡이 총 41번의 테이크로 남았고, 이는 20세기 대중음악에서 판도라의 상자가 된다.

로버트 존슨의 신화는 '악마와 거래'라는 측면에서 괴테의 희곡인 『파우스트』와 유사한 이야기 구조며, 부두교의 태양신인 레그바(Legba)를 연상시키기도 한다. 로버트 존슨이 악마에게 혼을 팔아 만든 블루스는 형이상학적으로 치장된 백인 음악과 달리 육체의 욕망과 본능 그리고 감정에 충실한, 어둡고 단순하지만 강렬한 흑인의 음악이었다. 로버트 존슨이 미시시피, 델타에서 만든 블루스는 시카고로 건너간 후 모던해졌고, 점프 블루스[5]와 리듬 앤 블루스[6]를 거쳐 로큰롤의 탄생과 직결된다.

로버트 존슨의 음악은 로큰롤로 진화할 블루스의 시작이었을 뿐만 아니라 록의 가장 창조적인 시절이었던 60년대 후반 블루스가 다시 환기될 시점에 새롭게 발견되었다. 특히 롤링 스톤스의 기타리스트 키스 리처드(Keith Richards)와 에릭 클랩턴(Eric Clapton)이 로버트 존슨의 영향을 받았다.

27살이라는 젊은 나이에 세상을 떠난 로버트 존슨은 록의 역사에서 '천재의 요절'이라는 기괴하고 불행한 전통을 남기기도 했다. 도어스(The Doors)의 짐 모리슨(Jim Morrison), 재니스 조플린(Janis Joplin), 지미 헨드릭스(Jimi Hendrix)는 물론, 롤링 스톤스의 브라이언 존스(Brian Jones), 너바나(Nirvana)의 커트 코베인(Kurt Cobain), 에이미 와인하우스(Amy Winehouse)까지 모두 27살에 세상을 떠난 것이다.

〈십자로〉는 로버트 존슨의 신화를 따라가고 의미를 부여하며 이야기를 만들어낼 뿐만 아니라 기타 비루투오소[7]와 헤비메탈이라는 1986년의 록음악이 지닌 트렌드까지 담아낸다. 소년은 악마와 기타 배틀을 벌이는데, 악마는 극한의 기교를 펼치며 소년을 제압하는 듯 했지만 특정 부분을 계속 틀리며 패하고 만다. 악마 역을 열연한 스티브 바이(Steve Vai)는 현란한 기교로 연주하는 것보다 틀리게 연주하는 것이 더 어려웠다고 한다.

이 영화는 음악적 소재를 맛깔 나게 연출한 것도 좋지만, 80년대 기타 비루투오소와 트래디셔널을 조합한 라이 쿠더(Ry Cooder)와 스티브 바이의 음악 자체로도 훌륭하다. 80년대 주류 음악이 블루스와 로큰롤의 전통에서 시작하고 발전한 것이라는 당시의 긍정적이고 낙관적인 관점이 반영된 신선한 조합은 꽤 흥미롭다.

로버트 존슨의 신화는 코엔 형제(Coen Brothers)의 영화 〈오, 형제여 어디 있는가!(O Brother, Where Art Thou?)〉에도 차용되었다. 조지 클루니를 비롯한 3명의 죄수는 십자로에서 만나 의도하지 않게 녹음한 음악으로 팔자를 고친다. 전체적인 분위기는 코믹하지만, 죄수들이 만드는 오디세이라는 미국적 전설을 만드는 과정에서 20세기 미국 문화의 탄생신화를 빼먹을 수는 없었을 것이다. 이 영화는 오스카에서 트로피를 받지는 못했지만, 그래미에서 가장 중요한 '올해의 앨범상'을 받았다. 정작 시상 결과에 대해서 많은 이들이 갸우뚱했지만 말이다.

블루스에 관한 7가지 고찰, 더 블루스(The Blues, 2003)

마틴 스콜세지(Martin Scorsese)의 주도로 동시대를 대표하는 영화 작가인 빔 벤더스(Wim Wenders), 리처드 피어스(Richard Pearce), 찰스 버넷(Charles Burnett), 마크 레빈(Marc Levin), 마이크 피기스(Mike Figgis), 클린트 이스트우드(Clint Eastwood)가 블루스의 의미를 영화로 만들기 위해 모였다. 〈더 블루스〉는 방대한 프로젝트인 만큼 이 시리즈가 담은 블루스의 의미 역시 실제로 넓은 스펙트럼을 자랑한다.

블루스는 미시시피의 노동요였지만, 그 기원은 서부 아프리카 음악이다. 블루스는 점프 블루스를 거쳐 로큰롤을 탄생시켰고, 대서양 건너 영국 뮤지션에 직접 영향을 주어 60년대 브리티시 인베이전과 블루스 리바이벌을 이끌었고, 힙합에 영향을 주기도 했다. 블루스는 욕망에 충실한 악마의 음악이지만, 뮤지션들 간의 깊은 존중이 담긴 교감의 음악이기

〈더 블루스〉 중에서 시각장애인 블루스 뮤지션, 블라인드 윌리 존슨.

도 하다. 비비 킹(Riley B. King) 같은 뮤지션은 블루스를 통해 거장으로 평가받으며 상업적으로 성공하기도 했지만, 실력만큼 인정받지 못한 수많은 뮤지션들이 그냥 그렇게 사라져가거나 아니면 작은 클럽을 전전하며 생계를 유지하는 수단이기도 했다.

마틴 스콜세지는 이렇게 말한다. "당신들이 리드 벨리(Lead Belly)[8], 선 하우스, 로버트 존슨, 존 리 후커(John Lee Hooker)[9], 찰리 패튼, 머디 워터스(Muddy Waters)의 음악을 들을 때 심장은 감동에 차 흔들릴 것이고, 그 본능적인 에너지와 단단한 정서적 진실에서는 영감을 얻을 것이다. 무엇이 인간의 본질이고 인간으로서의 조건인지 심장 속으로 들어가 보라. 그것이 바로 블루스다."[10]

폭력 교실(Blackboard Jungle, 1955)

최초의 로큰롤하면 로큰롤의 제왕 엘비스 프레슬리를 연상할 수 있지만 모범답안은 빌 헤일리 앤 코미츠(Bill Haley & Comets)의 'Rock Around the Clock'이다.

'Rock Around the Clock'은 12바 블루스[11]라는 로큰롤의 전형에 충실한 곡이며, 최초의 로큰롤로 알려졌지만 꼭 그렇게 보기는 어렵다. 빌 헤일리는 이미 비슷한 사운드와 정서의 곡인 'Crazy Man, Crazy'로 1953년에 이미 빌보드 R&B 차트 1위를 접수했기 때문이다. 우리가 로큰롤로 인식하고 있는 곡들이 당시에는 R&B로 인식되고 있음을 눈여겨볼 필요도 있다. 또한 이 곡은 수많은 블루스와 유사성이 있다. 일례로 40년대 후반 빅 조 터너(Big Joe Turner)의 'Around the Clock Blues'를 들 수 있다. 이미 점프 블루스는 로큰롤이 지닐 매력을 충분히 발산하고 있었지만 빅 조 터너를 비롯한 점프 블루스 뮤지션은 대부분 흑인이었기 때문에 대중적으로 인기를 얻는 데 한계가 있었다.

'Rock Around the Clock'의 초대형 히트는 백인 블루스 뮤지션이었기에 가능했다. 하지만 이 곡의 선율과 가장 유

TV쇼에 출연한 빌 헤일리 앤 코미츠. 출처 rokpool.com

사한 곡은 블루스가 아닌 컨트리의 신 행크 윌리엄스(Hank Williams)가 1947년에 발표한 첫 히트곡 'Move It On Over'다. 많은 이들이 간과하고 있지만 컨트리는 블루스와 더불어 로큰롤의 또 다른 축이다. 이전의 전통과 차별화되는 'Rock Around the Clock'의 초대형 히트로 로큰롤은 단번에 주류가 되었다. 엘비스 프레슬리가 등장할 기반을 단단히 다져놓은 셈이다.

어른이 정한 규율에 관계없이 오늘 밤 끝까지 즐기겠다는 에너지 넘치는 아이들의 심리를 담아낸 이 곡의 전국적인 히트는 영화 〈폭력 교실〉에 삽입되었기 때문에 가능했다. 〈폭력 교실〉은 과도하게 폭력적인 문제아들을 열과 성을 다해 바른

길로 이끌려는 한 교사에 관한 이야기다. 당시에는 이 영화가 폭발적인 인기를 끌었지만 교사와 아이들을 묘사한 캐릭터가 지나치게 평면적이라 작품성 높은 영화는 아니다. 이 영화는 국내에 개봉될 예정이었으나 지나친 폭력 장면으로 상영이 금지되기도 했었다.

이 영화에서 관객이 열광한 것은 'Rock Around the Clock'에 맞춰 춤을 추고 난장을 부리는 아이들의 모습이었다. 개봉 당시 계몽적인 영화의 내용과 관계없이 오프닝 타이틀과 함께 흐르는 이 곡의 흥겨움에 관객은 폭동과 같은 반응을 보였다. 사실 이 곡은 맥스 C. 프리드먼(Max C. Freedman)과 지미 데 나이트(Jimmy De Knight)가 1953년에 발표했으나, 1954년 녹음한 빌 헤일리의 해석이 〈폭력 교실〉에 실리면서 폭발적인 인기를 얻기 시작했다. 이 곡은 미국과 영국 싱글 차트 1위에 올랐고. 무려 1,600만 장이 넘는 판매량으로 로큰롤의 시작을 알렸다.

제일하우스 록(Jailhouse Rock, 1957)

1953년경, 흑인의 사운드가 대중적 폭발력을 지니고 있음을 간파한 선 레코드의 사장 샘 필립스(Sam Phillips)는 잘 생긴 외모, 독특한 보컬 톤, 섹시한 몸동작을 지닌 엘비스 프레슬리를 발견했다. 샘 필립스의 전폭적인 지지로 엘비스는 록커빌리(Rockabilliy)[12]에 능숙한 최고의 뮤지션들과 함께 녹음할 수 있었고, 1956년 'Heartbreak Hotel'을 시작으로 'Don't Be Cruel' 'Hound Dog' 'All Shook Up' 등 업 비트의 로큰롤로 빌보드 차트 1위와 플래티넘[13]을 기록하면서 '로큰롤의 황제'란 칭호를 차지한다. 또한 엘비스는 영화 〈러브 미 텐더(Love Me Tender)〉를 통해 발라드도 잘 부르는 로맨틱 가이로 인기를 얻었다.

1957년에 발표한 영화 〈제일하우스 록〉은 그의 경력에서 하나의 정점이었다. 그러나 1958년 군에 입대하면서 1977년 사망하기 전까지 파커 대령에 종속된 엘비스 프레슬리는 멍청한 할리우드 영화와 라스베이거스 쇼에 치중하면서 로큰롤의 황제라는 이름에 스스로 먹칠했다.

〈제일하우스 록〉은 로큰롤의 황제로 가장 매력적인 엘비스의 모습을 담고 있을 뿐만 아니라 로큰롤이 시작하는 50년대 중반의 여러 모습을 자세하게 묘사하고 있다. 영화의 시작에는 엘비스가 연기한 빈스 에버렛의 헤어스타일에 대한 이야기가 반복해서 나온다. 기름을 발라올린 엘비스 프레슬리의 헤어스타일은 트럭운전사 등 당시 미국 노동자에게서 흔히 볼 수 있는 록커 계급의 전형적인 모습이었다. 그리고 뜻하지 않은 주먹질로 감옥에 갇히고, 거기서 컨트리 뮤지션을 만나 공연으로 가능성을 발견한다.

출소 후 스타의 꿈을 키웠으나 교도소 밖의 세상이 더욱 정글과 같았다. 노동 계급의 야수성을 그대로 지닌 빈스는 연주에 집중하지 않는 관객 앞에서 기타를 부수는 등 — 더 후(The Who) 이전에 엘비스가 악기를 파괴했다 — 사회에 적응하기 쉽지 않다. 빈스는 비즈니스적으로 결코 영리하지 못했기 때문에 자신이 만든 편곡 아이디어를 유명 뮤지션에게 그대로 빼앗기곤 했다. 마치 엘비스 프레슬리가 빅 마마 쏜튼(Big Mama Thornton)[14]의 'Hound Dog'을 훔친 것처럼.

하지만 빈스는 조력자 페기를 만난 후 자신의 독특한 보컬 톤에 더욱 빠르고 흑인적인 로큰롤 비트를 가미하면서 대중으로부터 엄청난 반응을 얻기 시작한다.

〈제일하우스 록〉의 TV쇼 장면은 하나의 고전이 될 만한 장면이다. 로큰롤의 비트와 엘비스의 하체가 TV를 통해 미국 전역에 방송되었을 때 소녀들은 히스테릭에 가까운 반응을 보였다.

영화의 후반은 유명 록스타가 겪게 될 외로움을 담고 있으며 이는 이후 엘비스의 운명과 다르지 않다.

〈제일하우스 록〉 중에서. 출처 blu-ray.com

헤일! 헤일! 로큰롤(Hail! Hail! Rock 'n' Roll, 1987)

척 베리는 대중성만을 놓고 보면 결코 백인인 엘비스를 넘을 수 없었다. 그러나 로큰롤을 발명한 음악적 영향력으로 보자면 50년대 어떤 뮤지션보다 절대적이다. 척 베리는 로큰롤의 리프 패턴과 연주 주법 등 기타 사운드 메이킹과 더불어 보컬과 기타가 어떻게 조화를 이룰 수 있는지에 대한 모범답안을 제시했다. 무대에서는 오리걸음을 하면서 기타를 치는 쇼맨십으로 이전의 블루스와 같은 내향적인 트래디셔널보다 활기차고 외향적인 로큰롤의 특징을 정의했다. 뿐만 아니라 전후 세대의 10대가 지닌 솔직한 감정을 담은 척 베리의 가사는 혁명적인 변화였다.

〈헤일! 헤일! 로큰롤〉은 1986년 척 베리가 로큰롤 명예의 전당에 헌정된 후 기획된 공연 실황을 통해 로큰롤의 흥겨움을 공유함과 동시에 척 베리의 인생사가 담긴 인터뷰를 담고 있다.

영화 속에서 틈틈이 엿보이지만 척 베리의 독특한 성격은 단순히 뮤지션의 괴팍함을 넘어선다. 18살이 되던 1944년, 고등학교 재학 중인 척 베리는 캔자스시티에서 차량 도난 및 무장 강도혐의로 체포되어 감옥살이를 했는데, 이것이 오히려 그의 인생에서 극적인 전화위복이 되었다. 감옥에서 음악과 예능에 대한 재능을 계발하면서 죄수들과 간수들 사이에서 인기를 얻게 되었고 3년 만에 가석방된 것이다. 이후 척 베리는 조니 존슨(Johnnie Johnson)의 피아노 트리오에서 활동하다 그의 우상 머디 워터스를 만나고, 이를 계기로 음반 계약을 위해 레오나르드 체스(Leonard Chess)와 접촉한다. 테이프에 조악하게 녹음한 'Ida Red'를 들은 레오나르드 체스는 흑인이 부른 곡이라는 사실을 믿기 어려웠다. 이 곡은 결국 'Maybellene'으로 빅 히트를 기록한다. 척 베리의 혁신성은 흑인임에도 백인의 창법과 전통을 흡수할 수 있던 것이다.

이후 척 베리는 'Around and Around' 'Johnny B Goode'

'Rock and Roll Music' 'Carol' 'Roll Over Beethoven' 'Sweet Little Sixteen' 등 35개의 로큰롤 고전을 직접 작곡했고, 로큰롤의 형식을 완성한다.

영화 속 인터뷰에는 척 베리가 후배 뮤지션들에게 단순히 음악적인 부분만 전수한 것이 아님을 알려준다. 키스 리처드는 살면서 딱 한번 얻어맞은 적이 있는데 바로 척 베리에게 맞은 것이라 고백한다. 키스 리처드는 뉴욕의 한 클럽에서 척 베리에게 어깨동무를 하며 인사를 건넸을 때 척 베리는 주먹부터 날렸다. 게다가 한참 후에 로니 우드에게 사과했는데, 로니 우드가 키스 리처드인 줄 알았던 것이다. 척 베리의 거실에는 포르노가 항상 상영되었고, 여자 화장실에 카메라를 은밀히 설치하여 촬영해왔던 것이 발각되어 경찰에 체포되기도 했다.

척 베리 올스타 밴드 공연 역시 척 베리의 괴팍한 성격으로 인해 쉽게 진행되지 못했다. 척 베리는 리허설을 하지 않는 뮤지션으로 유명했던 키스 리처드가 두 손 들 정도였으며, 조금이라도 의견 충돌이 발생하면 심한 독설을 뱉곤 했다. 당시 음악 감독이었던 키스 리처드는 척 베리의 변태 같은 행동 때문에 자신이 마치 SM 비디오 감독 같았다고 추억한다.

척 베리는 게으르고 괴팍하지만 자유분방하고 천재적인

〈헤일! 헤일! 로큰롤〉 중에서, 특유의 오리걸음을 선보이는 척 베리.

록커의 하나의 전형이었다. 그 천재가 발명한 것이 바로 로큰롤이었다.

열정의 로큰롤!(Great Balls Of Fire! 1989)

20세기 중반, 보수적인 미국 사회에서 아이들이 살아가는 방식에는 두 가지가 있다. 어른들이 원하는 방식에 충실하거나 정반대로 가는 것이었다.

제리 리 루이스(Jerry Lee Lewis)의 일대기를 담은 〈열정의 로큰롤!〉에서 알렉 볼드윈(Alec Baldwin)이 연기한 지미가 전자의 길을 택해서 종교인의 길을 걸었다면, 데니스 퀘이드(Dennis Quaid)가 연기한 제리 리 루이스는 멤피스로 건너가며 로큰롤의 길을 걷게 된다. 제리 리 루이스는 부기우기에서 영감을 얻은, 건반을 때리는 것 같은 피아노 터치부터 범상치 않았다. 마침 엘비스를 RCA에게 빼앗긴 선 레코드는 새로운 스타를 찾는 데에 혈안이 되었고, 제리 리 루이스는 어렵지 않게 선 레코드와 계약한다. 제리 리 루이스는 특출한 음악적 재능만큼 행동 또한 괴팍했고 혈기 넘쳤으며 걸음걸이는 건달과 다를 바 없다.

하지만 제리 리 루이스의 혈기 넘치는 에너지는 공연장의 관객을 열광시키기에 충분했다. 'Great Balls of Fire'가 빌보드 차트 1위를 가뿐하게 점령할 때 제리 리 루이스는 공연장에서 만난 척 베리와 누가 최고냐를 놓고 언쟁을 벌인다. 공연 중 흥분한 제리 리 루이스는 피아노 현에 기름을 붓고 불을 붙인다. 그리고 타오르는 불길에도 아랑곳하지 않고 미친 듯

〈열정의 로큰롤!〉 중에서.

이 피아노를 치며 노래 부른다. 관객은 척 베리의 공연을 위한 일말의 에너지도 남겨두지 않은 채 완전 연소한다. 일설에는 제리 리 루이스가 척 베리보다 먼저 공연하는 것에 감정이 상해서 한 행동이었으며, 공연을 마치고 척 베리에게 '다음을 부탁해, 검둥이!'라고 외치며 무대를 떠났다고 한다.

하지만, 제리 리 루이스는 독특한 사생활로 순식간에 몰락의 길을 걷게 된다. 13살에 불과한 5촌 조카와 결혼했고, 영국 투어 중 이 사실이 발각되었다. 그는 이 사건을 계기로 당대 최고의 슈퍼스타에서 한물간 퇴물로 주류 미국 시장을 떠나 유럽의 조그만 클럽을 전전하기 시작한다. 사생활에서도 6번의 결혼과 연이은 아이의 죽음으로 숱한 굴곡이 있었다.

영화의 마지막, 제리 리 루이스에게는 그늘과 짐만 남은 것처럼 보였지만, 내리막의 씁쓸함 대신 통렬한 카운터펀치를 날린다. 로큰롤을 저주하며 회개하라고 요구하는 오랜 친구에게 우리의 사랑스러운 로큰롤 스타는 지옥에 떨어져도 껄껄 웃으며 피아노를 치고 노래 부를 것임을 행복하게 선언한다. 실제로 제리 리 루이스는 그를 존경하는 숱한 록스타 군단을 거느린 채 2007년, 의미심장한 제목의 "Last Man Standing"을 발표하며 화려하게 재기한다.

블루스는 흑인의 전통, 블루스 브라더스(the Blues Brothers, 1980)

형량을 마친 백인 남자가 감옥에서 풀려나고 그의 형제가 마중을 나온다. 그들은 검은 경찰차를 타고, 검은 수트와 검은 넥타이, 검은 선글라스, 검은 모자를 쓴다. 그들은 블루스 브라더스(Blues Brothers)며, SNL(Saturday Night Live)에서 활동한 실제 뮤지션이기도 하다.

영화 〈블루스 브라더스〉의 기본 구조는 검은 옷을 입은 백인이 백인에게 쫓기고 흑인 뮤지션의 도움을 얻는 것이다. 영화 속 첫 배경인 시카고는 모던 블루스의 시작점이기도 하다.

영화 속에서 그들은 자신들이 자란 보육원을 위해 자선 공연을 하려 한다. 많은 록커들이 그렇듯이 사소한 악행에 그다지 죄책감이 없는 그들로 인해 본의 아니게 가는 곳마다 엄청난 스케일의 사건사고가 휘몰아치지만 주인공이기에 죽지는 않는다. 이로 인해 그들을 쫓는 적은 보안관, 미국 내 나치, 컨트리 밴드, 경찰, 군대 그리고 스타워즈의 레아 공주기도 한 캐리 피셔가 연기하는 옛 애인이다. 이들은 대체로 백인이다.

반면 그들의 조력자로 제임스 브라운(James Brown), 캡 캘로웨이(Cab Calloway), 레이 찰스(Ray Charles), 아레사 프랭클린(Aretha Franklin), 존 리 후커(John Lee Hooker), 파인톱 퍼킨스

(Pinetop Perkins), 빅 월터 호튼(Big Walter Horton) 등이 등장하는데 이들은 블루스 이후 흑인 음악의 기념비적인 인물들이며 이들의 존재만으로 흑인 음악의 역사를 살펴볼 수 있다. 캡 캘로웨이의 스캣과 스윙은 20세기 초반의 아이들을 춤추게 하였고, 존 리 후커의 기타, 파인톱 퍼킨스의 부기우기 피아노, 빅 월터 호튼의 하모니카를 백인이 훔쳐서 로큰롤을 만들었다. 하지만, 그와 동시에 흑인은 나름대로 자신들의 블루스를 발전시켜왔다. 사실 초기 로큰롤의 다른 이름이기도 했던 R&B는 흑인의 개성을 담아낸 흑인 음악의 상징이 되었고, 레이 찰스와 아레사 프랭클린은 가스펠(Gaspel)의 영향을 받아 보다 짙은 흑인의 감정을 표현하는 소울(Soul)을 탄생시켰다. 소울은 제임스 브라운의 폭발적이고 록 이상의 호

슈퍼볼에서 공연 중인 제임스 브라운과 블루스 브라더스.
출처: http://www.spillitnow.com

전적인 성향으로 펑크(Funk)가 된다.

영화에서 각 장르를 대표하는 뮤지션이 나올 때마다 사람들은 자유분방하게 집단 군무를 춘다. 이는 경직된 백인 음악과는 달리 흑인 음악이야말로 몸과 혼연일체가 되는 진짜 음악이라는 것을 환기시켜준다.

블루스 브라더스는 감옥에서 엘비스의 '제일하우스 록'을 신나게 연주하며 영화를 마무리한다. 블루스 브라더스가 원래의 자리였던 감옥으로 들어온 것처럼 백인 음악 역시 흑인 음악과의 경계였던 로큰롤의 시작으로 돌아온 것이다.

거인의 시대

돌아보지 마(Dont[15] Look Back, 1967)

밥 딜런(Bob Dylan)은 씨네아스트들이 탐낼만한 소재다. 풍성한 영감을 주는 노랫말과 음악뿐만 아니라 솔직한 태도를 지닌 듯하지만 규정하기 어렵고 불가사의한 캐릭터 때문이다. D.A. 페너베이커(D.A. Pennebaker)는 영화 〈돌아보지 마〉에서 20대 초반의 밥 딜런이 전기기타를 들며 사람들에게 충격을 주기 바로 직전인 1965년 봄, 3주 동안의 영국 체류기간을 담아낸다.

이 영화는 'Subterranean Homesick Blues'가 흐르는 동안

공사장을 배경으로 밥 딜런이 곡의 가사가 쓰인 종이를 차례로 보여주고 버리는 장면으로 시작한다. 사람들은 단어의 의미를 찾으려하지만 냉소적인 밥 딜런은 그럴 틈을 주지 않는다. 단순하지만 쿨한 이 장면은 지금도 충분히 매력적 뮤직비디오다.

60년대 다이렉트 시네마의 철학에 충실한 이 다큐멘터리는 영국에 체류 중인 밥 딜런의 다양한 면모를 무심하게 담아낸다. 밥 딜런을 만나는 이들은 그의 실체를 알고자 노력하지만 그는 그들이 원하는 답을 주지 않는다. 각각의 장면을 바라보는 관객 역시 '이것이 밥 딜런이다.'라는 것을 찾으려하지만 선명한 답이 나오지 않는다. 그런데 그것 자체가 밥 딜런이다. 사람들이 밥 딜런을 통기타와 하모니카로 부르는 프

'Subterraneah Homesick Blues'의 뮤직비디오 장면.

로테스트 포크[16]의 상징적인 존재로 여길 때 밥 딜런은 전기기타를 들었고, 밥 딜런의 영향을 받은 히피들이 반전의 메시지를 내세울 때 정작 밥 딜런은 그들에 무관심했다.

영화의 가장 빛나는 순간은 작가의 의도를 투영하지 않고 담은 각각의 순간들에 있다. 호텔방에서 존 바에즈(Joan Baez)와 함께 노래 부를 때, 그리고 공연장에서 통기타만 들고 연주할 때 오히려 감동은 배가된다. 이 영화는 미국 국립 필름 협회에서 '문화적으로, 역사적으로 또는 미학적으로' 중요하게 여겨 보존하고 있다.

토드 헤인스(Todd Haynes)가 연출한 영화 〈아임 낫 데어(I'm Not There, 2007)〉 역시 밥 딜런에 관한 흥미로운 작품이다. 이 작품을 구성하는 7개의 에피소드는 다른 배우에 의해 다른 시기 다른 면모의 밥 딜런을 연상시킨다. 전기기타를 들어 비난을 받는 1965년 당시를 연상시키는 쥬드(케이트 블란쳇), 프로테스트 포크 뮤지션 잭(크리스천 베일), 가스펠 뮤지션 존(크리스천 베일), '잭'을 연기하는 배우인 로비(히스 레저), 은퇴한 총잡이 빌리(리처드 기어), 시인 아서(벤 위쇼). 우디 거스리 같은 우디(마커스 칼 프랭클린). 사실 밥 딜런은 우디 거스리가 되고 싶었고, 프로테스트 포크 뮤지션이자 시인이었으며, 갑자기 록의 영향을 받아 전기기타를 들거나 종교에 귀의하기도 했으며, 개인적인 아픔도 있었다.

영화의 마지막 장면에서 토드 헤인스는 밥 딜런을 닮은 풍선을 허공에 띄우면서 이 영화가 대중이 기대하는 밥 딜런이라는 허상에 관한 이야기임을 친절하게 설명한다. 우리가 믿는 밥 딜런이 실제일까? 실제의 밥 딜런이 굳이 중요할까? 사람들이 믿는 밥 딜런이 중요할까? 이 점이 영화 〈아임 낫 데어〉의 매력이면서 밥 딜런의 매력이고, 밥 딜런의 음악이 지닌 매력이기도 하다. 물론 이것은 밥 딜런이 싫어지는 이유가 될 수도 있다.

백비트(Backbeat, 1993)

비틀스는 60년대 최고의 스타답게 다수의 영화에 출연했다. 〈하드 데이즈 나이트(Hard Day's Night)〉는 아이돌과 팬 사이의 관계를 상큼하게 그린 작품이었고, 〈헬프(Help)〉는 당시 007 같은 B급 정서를 채용하고 있는 모험담이며, 애니메이션 〈옐로우 서브마린(Yellow Submarine)〉과 크리스마스 TV영화 〈매지컬 미스터리 투어(Magical Mystery Tour)〉도 있다. 각각의 영화는 1960년대 영국 영화의 신선한 시도였으며, 각 영화의 사운드트랙은 소녀들에게 사랑받았던 상큼한 로큰롤인 머지비트(Mersey Beat) 사운드에서 예술적이며 진보적인 아트팝(Art Pop)으로 변화하는 비틀스의 음악이 담겨 있다. 해체의 기운

이 감돌던 애비 로드(Abbey road) 세션 당시의 스튜디오 장면을 담은 〈렛 잇 비(Let It Be)〉 역시 빼놓을 수 없다. 그리고 비틀스나 비틀스의 멤버를 다룬 수많은 영화가 있다. 마틴 스콜세지가 조지 해리슨의 다큐멘터리를 제작했고, 〈존 레넌 비긴즈(Nowhere Boy)〉라는 제목으로 번역된 어린 존 레넌의 이야기를 담은 영화도 비틀스의 어린 시절뿐만 아니라 그들에 영향을 준 음악을 체험할 수 있는 좋은 영화였다.

하지만 비틀스를 다룬 최고의 영화는 〈백비트〉다. 영화는 대부분 비틀스가 세상에 등장하기 직전인 시끌벅적하고 지저분한 독일 함부르크의 펍에서 공연하던 시점에 초점을 맞춘다. 〈백비트〉를 끌어가는 축은 그 시절 베이스를 맡았던 스튜어트 셔클리프(Stuart Sutcliffe)와 여류 사진가 아스트리드(Astrid)의 사랑이다. 스튜어트의 친구인 존 레넌 역시 아스트리드를 사랑했기에 그들 사이에는 미묘한 기류가 흐른다. 사랑의 승자는 3개월 만에 약혼한 스튜어트였지만 음악에서는 그렇지 못했다. 스튜어트는 음악이 아닌 그림에 재능이 있었는데, 스튜어트의 연주 실력에 대한 존의 질책에 상처를 받았고 스스로 비틀스를 떠난다. 비틀스의 성공과 동시에 병든 스튜어트는 아스트리드의 곁에서 죽어간다.

〈백비트〉는 음악에 재능이 없었던 스튜어트를 전면에 내세움으로써 오히려 존, 폴, 조지의 재능이 얼마나 특출한지를

〈백비트〉 중에서.

부각한다. 영화 속 공연 장면에서는 순간의 불꽃처럼 발휘되는 로큰롤 밴드 비틀스의 음악적 재능이 여지없이 펼쳐진다. 데뷔 전에는 머리를 얌전하게 쓸어내리고 슈트를 입은 비틀스의 상징과도 같은 스타일 대신 가죽점퍼와 기름을 발라올린 전형적인 록커 스타일을 따라 했다. 그리고 비틀스의 히트곡 대신 비틀스가 함부르크 시절 연주했을법한 초기 로큰롤을 연주한다. 하지만 이를 통해 우리는 비틀스를 낳게 한 음악적 배경을 체험할 수 있고, 동시에 사람들의 마음을 뒤흔들 그들의 에너지를 느낄 수 있다. 존 레넌이 말한 것처럼 함부르크 시절의 비틀스는 최초의 펑크 밴드였고, 비틀스가 사람들의 마음을 순식간에 사로잡았던 것은 타고난 재능과 수많은 공연으로 백비트(Backbeat)[17]의 그루브를 몸으로 체득한 로큰롤 밴드였기 때문이다. 또한 프로모터처럼 보이는 한 남자가 클럽을 방문했을 때, 순간적으로 베이스기타를 연주하는 스튜어트를 밀어내고 멋지게 연출하려는 장면은 성공에 대한 그들의 욕구와 기지를 느끼기에 부족함이 없다. 죽음을 앞둔 스튜어트는 비틀스가 세계를 지배할 것을 확신한다. 아마도 영화의 러닝타임 동안 우리는 그의 확신에 동의하게 될 것이다.

팝 차트를 점령한 흑인 소녀들, 드림걸즈(Dreamgirls, 2006)

비틀스를 비롯한 영국 밴드가 미국 차트를 휩쓸고 있을 때 미국에서는 백인 남성이 아닌 흑인 여성 그룹 슈프림스(The Supremes)가 등장했다. 60년대 12개의 빌보드 넘버원 히트곡을 남긴 슈프림스를 비롯해 모타운(Motown) 소속 흑인 뮤지션들은 달콤한 팝으로 대중의 마음을 사로잡았다.

자동차의 도시(Motor Town) 디트로이트에서 유래한 모타운은 1959년에 디트로이트의 자동차 공장에서 일했던 흑인 노동자 베리 고디 주니어(Berry Gordy Jr.)가 설립했다. 그는 50년대 캐롤 킹(Carole King) 같은 전문 송라이터가 백인 걸그룹에게 곡을 제공하고 필 스펙터(Phil Spector) 같은 전문 프로듀서가 전체적인 음악 작업을 주도하는 브릴빌딩(Brill Building) 사운드와 컨베이어 벨트에서 돌아가는 자동차 제조 공정에서 아이디어를 얻었다. 그리고 음반 창작 과정에 각자의 역할을 시스템적으로 정의하고 각각의 그룹을 레이블이 원하는 팝스타로 제조하는 방식으로 모타운을 운영했다. 이는 최근 한국에서 아이돌 뮤지션을 키우는 SM이나 YG 같은 기획사의 방식과 유사하다.

또한 음반을 살 백인 소비자의 입맛에 맞게 과도하게 짙은 흑인의 색채는 지양했는데 이 때문에 베리 고디 주니어는 흑인의 혼을 백인에 팔아버렸다는 비난을 받기도 했다. 하지만 대중성을 뛰어넘는 음악성은 그런 편견을 불식시키기에 충분하다. 템테이션스(Temptations)와 포 탑스(Four Tops) 그리고 잭슨 파이브(Jackson Five) 같은 남성 보컬 그룹과 더불어 마빈 게이(Marvin Gaye)와 스티비 원더(Stevie Wonder)라는 모든 면에서 완전한 흑인 남성 뮤지션이 이 때 배출됐다. 잭슨 파이브로 데뷔한 마이클 잭슨도 모타운이 없었다면 세상에 없었을 것이다.

슈프림스는 모타운의 성공을 견인한 여성그룹으로, 디트로이트 출신 여성 4인조에서 시작했다. 그러나 초기에는 인기가 시원치 않았고 주로 남성 뮤지션의 코러스로 활동해야 했다. 이후 베리 고디 주니어가 슈프림스의 리더이자 소울적인 색채를 가진 리드 보컬 플로렌스 발라드(Florence Ballard)를 대신해 상큼하고 달콤한 목소리의 다이애나 로스(Diana Ross) 중심으로 팀을 재편하면서 슈프림스의 인기는 날개를 달게 된다. 슈프림스가 연이어 빌보드 1위를 차지한 것은 흑인 여성그룹이 최초로 슈퍼스타가 된 역사적 사건이다.

2006년에 개봉한 〈드림걸즈〉는 바로 이 사건을 소재로 한다. 〈드림걸즈〉는 뮤지션들의 가창력 대신 외향을 선택한 것처럼 다소 단순화시켰지만, 베리 고디 주니어의 결정은 대중성뿐만 아니라 음악적으로 옳은 것으로 증명되었다. 모타운과 슈프림스 그리고 솔로로서도 성공한 다이애나 로스의 음악은 무겁고 짙은 소울 창법이 흑인 음악의 전부가 아님을 직접 증명했다. 당시 흑인 음악과 백인 음악의 완전한 크로스오버를 통한 달콤하고 다양한 선율의 힘은 흑인 음악을 새로운 세계로 이끌었다.

〈드림걸즈〉의 공연 장면은 60년대 당시 대중이 느꼈던 환상을 효과적으로 재현한다. 물론 여기에는 제니퍼 허드슨(Jennifer Hudson)과 비욘세(Beyonce)라는 21세기 디바의 역량이 여지없이 발휘되었기 때문이기도 하다.

〈드림걸즈〉는 비욘세 자신의 이야기기도 하다. 〈드림걸즈〉가 제작되던 기간은 그녀가 성공적으로 데뷔했던 여성 그룹 데스티니스 차일드(Destiny's Child)의 활동을 종료할 시점이었다.

외모로 고평가된 아이돌이라는 주위의 편견과 달리 비욘

세는 잡지 「옵서버(Observer)」에서 21세기 첫 10년간 가장 위대한 아티스트로 손꼽히는 등 인종과 장르를 뛰어넘는 최고의 팝스타로 군림하고 있다. 그리고 텍사스 출신의 흑인 여성을 중심으로 구성한 밴드와 함께하는 그녀의 공연에는 항상 〈드림걸즈〉의 수록곡을 부르는 시간이 할당되어 있다. 그만큼 〈드림걸즈〉는 비욘세에게도 중요한 전환점이다. 그런 면에서 〈드림걸즈〉는 모타운이 연 흑인팝의 시작과 현재의 연결고리를 효과적으로 담아낸 매력적인 음악영화다.

김미 쉘터(Gimme Shelter, 1970)

60년대 후반 영화 작가들은 비틀스와 달리 롤링 스톤스에게서 일탈과 저항의 이미지를 발견하려 했다. 우선 영화를 통한 혁명을 시도했던 장 뤽 고다르는 'Sympathy for the Devil'의 녹음 과정을 영화로 만들기를 원했지만 그것은 애초에 잘못된 만남이었다. 난해한 장 뤽 고다르의 접근 방식을 롤링 스톤스가 이해할 리 없었고, 당시 롤링 스톤스는 브라이언 존스의 마약 조사로 날카로워진 상태였다. 영화 〈원 플러스 원(One Plus One)〉은 대다수 관객에게 난해했고, 결말은 장 뤽 고다르의 의도와 달리 'Sympathy for the Devil'이 끝까지 연주되는 식으로 마무리되었다. 서로에게 불만스러운 결과였지만 그럼에도 프랑스 5월 혁명 당시 급진적 예술의 한 형태를 볼 수 있다는 점은 흥미롭다.

반면 도널드 캠멜과 니콜라스 뢰그가 공동 연출한 〈퍼포먼스(Performance)〉는 개봉 당시 과도하게 실험적인 괴작으로 평가되었으나 지금은 시대를 앞서간 걸작으로 재평가되고 있다. 자본주의사회 속에서 속물적인 악당과 치명적인 매력을 가진 은둔 록커의 기묘한 만남을 그린 이 영화는 낭만적인 60년대 히피의 시대가 끝나고 자극적이며 냉소적인 70년대를 예고한다. 특히 후반부 라이 쿠더 최고의 기타 솔로 연주와 함께하는 믹 재거의 'Memo from Turner' 뮤직비디오는 이 영화의 백미다.

이 외에도 롤링 스톤스에 관한 영화는 상당히 많다. 1965년, 최초의 베스트 싱글 'Satisfaction'이 성공한 직후 아일랜드 투어를 담은 〈찰리 이즈 마이 달링(Charle is My Darling)〉, 브라이언 존스가 수영장에서 살해되는 순간을 담은 〈스톤드(Stoned)〉, 각종 악행과 문제로 얼룩진 프랑스 남부 넬코테에서 "Exile on Main Street"의 녹음 과정을 담아낸 〈스톤스 인 익사일(Stones in Exile)〉, 그리고 "Exile on Main Street" 발표 후 수많은 악행을 저질렀던 미국 투어를 담고 있는 〈콕서커 블루스(Cocksucker Blues)〉, 2012년에 발표한 롤링 스톤스의 일대기 〈크로스파이어 허리케인(Crossfire Hurricane)〉, 그리고 마틴 스콜세지의 콘서트 영화 〈샤인 어 라이트(Shine A Light)〉. 여기에 콘서트 실황까지 포함하면 그 수는 헤아릴 수 없을 만큼 많다. 하지만 롤링 스톤스의 중요한 시점을 포착한 극적이며 의미 있는 영화는 두말할 필요도 없이 〈김미 쉘터〉다.

앨버트(Albert)와 데이비드 메이슬즈(David Maysles) 형제가 연출한 〈김미 쉘터〉는 말도 많고 탈도 많았던 1969년 미국 투어의 마지막 1주일을 담고 있다. 이 영화를 촬영하기 직전에 브라이언 존스는 해고된 후 죽었고, 그를 대신한 기타리스트 믹 테일러(Mick Taylor)와 함께 3년 만에 재개한 미국 투어 역시 로컬 프로모터와의 갈등으로 삐걱거렸으며, 키스 리처드의 약물 문제는 수시로 말썽을 일으켰다. 하지만 투어의 마지막인 뉴욕 매디슨 스퀘어 가든(Madison Square Garden) 공연은 '지상 최고의 로큰롤 밴드'라는 홍보 문구에 걸맞은 최상의 수준이었고 영화는 이 공연 장면에서부터 시작한다. 뉴욕 공연이 끝난 후 우드스탁의 성공에 감화 받은 롤링 스톤스는 미국 투어의 성공을 자축하기 위한 무료 콘서트를 열기로 결정한다. 그레이트풀 데드(Grateful Dead), 산타나(Santana), 크로스비 스틸스 내시 앤 영(Crosby Stills Nash & Young), 플라잉 브리또스 브라더스(flying burrito brothers)[18], 제퍼슨 에어플레인(Jefferson Airplane) 등이 섭외되었으며, 경호는 바이크족이었던 헬스 에인절스(Hell's Angels)에 일임했고, 공연장은 불과 이틀

전에 알타몬트(Altamont)로 결정되었다. 모든 것이 엉망이었지만 우드스탁에서 그랬던 것처럼 모든 것이 잘될 것이라는 믿음이 있었다. 하지만 알타몬트에서는 그 믿음이 한 번에 무너졌다. 헬스 에인절스는 공연 시작과 함께 폭행을 일삼았고, 급기야는 흑인 소년 메리디스 헌터가 구타로 살해당했다. 이 장면은 영화 속에 고스란히 담겼다.

이 다큐멘터리 역시 다이렉트 시네마의 미덕을 충분히 발휘했다. 록 비즈니스의 급격한 확장 과정에서 발생한 사업적인 충돌과 폭력적으로 변질된 히피는 이제 더 이상 60년대의 환상이 유효하지 않음을 의미심장하게 전달한다. 하지만 롤링 스톤스 최전성기에 창조된 음악의 힘은 여전히 강력하다. 알타몬트는 걸작 앨범 "Let It Bleed" 발표 직전에 열렸고, 1971년 또 다른 걸작 앨범 "Sticky Fingers"의 대표곡 'Brown Sugar'가 최초로 연주된 곳이기도 하다. 어쩌면 〈김미 쉘터〉는 60년대는 끝났지만 로큰롤은 영원하다는 것을 말하고 싶지 않았을까?

코드로페니아(Quadrophenia, 1979)

'늙기 전에 죽고 싶다.'라며 광폭한 에너지를 내뿜던 더 후는 1969년 발표된 걸작 록오페라 앨범 "Tommy"를 통해 음악성을 인정 받는다. 60년대 후반, 숱한 공연으로 더 후는 단순히 시끄러운 밴드를 넘어서는 최고의 라이브 밴드가 되었지만, "Tommy"는 더 후가 그 이상의 밴드임을 증명한 진보적인 앨범이다. 원래부터 록오페라로 제작되었던 "Tommy"는 1975년 영화로 만들어졌다.

하지만 더 후에 관한 최고의 영화는 1973년 앨범을 1979년에 만든 〈콰드로페니아〉다. '모드'라는 더 후가 상징하는 계급을 효과적으로 풀어낸 작품이기 때문이다. 영화의 주연인 지미를 비롯한 〈콰드로페니아〉의 등장인물은 모드족이 지닌 특징을 하나의 교과서가 될 수준으로 자세하게 담고 있다. 모드족은 엘비스에 열광하는 거친 록커와 달리 컨템포러리 재즈에 열광하며 자신들을 '모더니스트(modernist)'로 규정했다. 일주일간 일해서 모은 급료로 단추 3개가 달린 박스 슈트와 얇은 넥타이 그리고 앞이 뾰족한 구두를 사는 패션에 민감한 세대기도 했다. 또한 자신들의 취향을 과시하기 위해 주말마다 파티를 계속했는데 밤새도록 놀기 위한 금지 약물의 복용 — 당시 금지 약물은 레드불 같은 용도였다 — 은 하나의 공식이 되었고, 주차와 이동이 편리한 스쿠터는 모드의 상징과 자존심이 되었다. 록커가 일차적인 반항에 몰두했다면 모드는 부모 세대를 냉소하고 그들과 다르다는 차별화된 우월감이 있었다. 스쿠터에 백미러를 의무화하자 모드는 아에 자기들의 바이크에 무수히 많은 백미러를 패션 아이템으로 삼았다.

〈콰드로페니아〉는 1965년 영국에서 수천 명의 모드족과 록커족 간의 충돌을 재현한다. 모드족이라는 소속감은 대규모 유혈 폭력사태도 마다하지 않을 정도로 그들의 존재 이유였지만, 정작 성인이 되었을 때 현실의 벽에 부딪힌다. 그들이 동경했던 모드의 리더 에이스 페이스가 호텔 안내원으로 생업을 유지하고 있음을 지미가 발견했을 때의 충격은 많은 모드족에게 피할 수 없는 현실이었다. 성인이 되지 못한 모드의 결말처럼 더 후의 특출한 드러머였던 키스 문(Keith Moon)은 모드족이 탐닉했던 약물의 부작용으로 갑작스러운 죽음을 맞이한다.

〈콰드로페니아〉 중에서. 스팅이 맡은 에이스 페이스를 따르는 모드족들.

영화 〈콰드로페니아〉가 발표된 1979년은 펑크의 여진이 사그라지지 않은 채 더 잼(The Jam)을 중심으로 한 모드 리바이벌이 유행할 때였고, 영화에서 모드의 리더로 출연한 스팅이 보컬을 맡은 밴드인 더 폴리스(The Police)의 단순하지만 세련된 사운드가 호응을 얻으며 모드의 전통이 다시 환기되던 시점이었다.

더 후, 킹크스(The Kinks), 스몰 페이시스(The Small Faces) 등 모드 밴드들은 때로는 무모하고 무식하고 폭력적이지만 그럼에도 문화적 자존감과 멋이 넘치는 영국 록의 특징을 정의했다.

우드스탁(Woodstock, 1970)

이안(Lee Ang) 감독이 영화 〈테이킹 우드스탁(Taking Woodstock)〉에서 묘사한 것처럼 〈우드스탁〉은 주먹구구로 기획되었지만 당대 최고의 뮤지션들이 모두 영화에 참여했다. 밥 딜런은 거절했지만 당시 임신 6개월이었던 존 바에즈(Jon Baex)가 참가했고, 해체 직전의 비틀스는 없었지만 조 카커(Joe Cocker)는 'With a little help from my friend'를 비틀스보다 더 멋있게 불렀으며, 더 후의 광폭한 무대가 있었지만 미국 국가를 비틀어 연주하는 지미 헨드릭스(Jimi Hendrix)는 전설이 되었다.

지역 주민의 반발로 공연 직전에 인근 농장으로 장소를 변경했고, 음식은 부족했고, 사운드는 형편없었고, 공연장은 진흙구덩이였지만 평화와 반전을 모토로 한 히피와 30만 명의 인파는 특별한 사고 없이 축제를 즐겼다.

영화는 실험적인 편집과 더불어 너무나 행복해하는 관객들의 모습 하나하나에 시선을 두며 60년대의 행복한 전설을 기록했다. 밀려오는 인파 때문에 공연장 입구가 무너져 공연은 본의 아니게 무료로 바뀌었고, 뮤지션들에게 엄청난 개런티를 지불해 4명의 공연 기획자는 130만 달러의 적자를 냈다. 하지만 우드스탁을 기록한 영화는 60년대의 행복한 기억을 간접 체험하려는 이들로 인해 무려 5,000만 달러의 수익을 남기며 모두가 행복한 해피엔딩이 되었다.

60년대는 음악이 있는 순간 속에서 모두가 행복할 수 있

〈우드스탁〉 중의 한 풍경.

다는 근거 없는 낙관이 있던 시간이었다. 이안은 알타몬트를 예견하는 마지막 장면을 통해 이 행복함이 순간에 불과함을 암시했다. 적어도 이런 근거 없는 낙관은 좋은 음악을 선물했고 록비지니스는 성장했다. 그리고 음악으로 인해 잠시 행복할 수 있다면 그것만큼 좋은 것이 어디 있겠는가!

자극의 시대

지구에 떨어진 사나이(The Man Who Fell To Earth, 1976)

데이비드 로버트 존스(David Robert Jones)는 학창 시절 한 소녀를 두고 친구와 싸우다가 실명의 위기를 맞는다. 이후 치료 끝에 시력을 회복했지만 양쪽 눈동자의 색깔이 달라졌다. 인간에게 사랑받는 록스타로서 남들과 다른 시선으로 변신한 외계인 지기, 데이비드 보위(David Bowie)의 탄생을 암시하는 순간이었다.

인류가 달나라에 착륙하는 순간에 맞춰 "우주 괴짜(Space Oddity[19])"는 팝 차트에 연착륙했고, 외계에선 온 새로운 성

정체성을 지닌 "지기(Ziggy)[20]"는 자극적이지만 정제된 사운드로 새로운 스타일의 록스타가 지상에 강림했음을 알렸다.

영화 〈퍼포먼스〉에서 은둔 중인 록스타 믹 재거를 파격적으로 담아냈던 니콜라스 뢰그는 〈지구에 떨어진 사나이〉에서 논리적 연관성과 시공의 연속성을 넘어서는 교차 편집으로 데이비드 보위가 연기한 외계인 뉴튼[21]의 뒤죽박죽이 된 지구 방문을 이야기한다. 죽어가는 자신의 행성에 필요한 물을 찾기 위해 지구에 착륙했지만 외계 트렌드를 소개해서 막대한 부를 축적하고, 쾌락에 중독되며 지구인에게 착취당하는 뉴튼의 운명은 정체성의 혼란을 겪는 록스타 지기의 운명과 크게 다르지 않다. 사람들은 록스타를 보통 사람과 다른 외계 생명체처럼 여기고, 록스타 역시 세상을 다르게 보고 그것으로 인해 괴로움을 겪는다. 다른 것이 있다면 영화 속 외계인의 운명과 달리 데이비드 보위는 지기의 운명을 스스로 벗어던지고 음악적으로 새롭게 변신한 후 지구인의 주머니를 지속적으로 강탈하며 막대한 부를 축적한 것이다. 70년대 중반, 데이비드 보위는 미국으로 건너가 미국 흑인 음악의 전통을 재해석한 플라스틱 소울[22]이란 유행을 도입했다. 70년대 후반에는 베를린에서 미니멀리즘적인 사운드로 80년대를 예견한다. 70년대 후반, 펑크라는 파괴적인 운석이 지상에 떨어졌을 때, 록의 공룡들은 대부분 멸종했지만 데이비드 보위만큼은 포유류로 변신하여 또 다른 자신의 세계를 열었다.

늙어버린 외계인이 등장하는 영화의 마지막 장면은 쇠락한 록스타를 담고 있지만, 2013년 66세 생일을 맞아 새 음반을 발표한 데이비드 보위는 늙지 않는 외계인으로 다시 돌아온다.

데이비드 보위가 지닌 양성애적이고 현란한 비주얼의 글리터한 록스타 캐릭터는 많은 영화 캐릭터에 직접적으로 영향을 주었다. 1983년, 혁신적이고 전위적인 일본의 영화 작가 오시마 나기사는 데이비드 보위와 류이치 사카모토가 출연한 〈전장의 크리스마스(Merry Christmas Mr. Lawrence)〉에서 유럽인에 대한 일본인의 미묘한 환상을 잡아냈다. 또한 영화 〈벨벳 골드마인(Velvet Goldmine)〉에서 이완 맥그리거가 연기한 글

〈지구에 떨어진 사나이〉 중에서 외계인의 모습을 한 데이비드 보위.

램 록커인 브라이언 슬레이드(Brian Slade) 역시 데이비드 보위의 지기를 모델로 한 것이다.

천국의 유령(Phantom of the Paradies, 1974)

〈천국의 유령〉은 알프레드 히치콕의 스릴러에 과도한 폭력과 섹스를 더해 반역의 스타일리스트로 자리를 굳힌 브라이언 드 팔마의 초기작이다. 과감한 복제와 차용으로 B급 이미지를 가공하는데 능했던 드 팔마의 개성은 이 영화에서도 드러난다. 〈천국의 유령〉은 〈오페라의 유령(Phantom of the Opera)〉의 록 버전이고, 『프랑켄슈타인』, 히치콕의 〈싸이코(Psycho)〉에서 많은 부분을 차용했다. 그리고 "그는 로큰롤에 영혼을 팔았다."라는 포스터 문구처럼 『파우스트』를 모티브로 사용했

〈천국의 유령〉 중에서. 마스크를 쓰고 전자음악을 연주하는 윈슬로는 20년 후 등장할 다프트 펑크(Daft Punk)에 직접 영감을 주기도 했다.

지만 더 가깝게는 로버트 존슨의 신화를 연상시킨다.

하지만, 이 영화의 가장 흥미로운 부분은 드 팔마가 과잉의 시대로 규정되는 70년대 록음악의 특징과 변화를 총체적으로 담아낸 데에 있다. 영화는 50년대 이후 팝 차트의 한 부분에 있었던 풍성한 코러스의 소프트록 밴드 주시 프루츠(The Juicy Fruits)의 연주로 시작한다. 곧 이어 70년대 존 레넌의 외양과 닮은 윈슬로(Winslow)의 연주가 이어지는데, 엘튼 존(Elton John)이나 존 마일스(John Miles) 같은 탄탄한 클래식적인 소양에 기반을 둔 피아노 연주와 미드 템포의 발라드를 부르는 70년대 남성 싱어송라이터의 특징을 정확히 짚는다. 반면 그들의 뮤즈 피닉스(Phoenix)의 존재는 강인한 남성 뮤지션 속에서 당당하게 재능을 펼친 캐롤 킹(Carole King)이나 린다 론스태드(Linda Ronstadt) 같은 여성 뮤지션의 존재와 같다.

영화에서 묘사한 것처럼 70년대에는 어쿠스틱한 미드 템포 발라드와 실험적인 신시사이저 사운드, 파격적인 무대 의상이 공존했다. 팝스타 엘튼 존은 당시 자신의 장기인 팝적인 멜로디에 전위적이고 과격한 사운드를 즐겨 사용했다. 또한 프로그레시브록 밴드 예스(The Yes) 출신의 현란하고 클래시컬한 건반 주자 릭 웨이크먼(Rick Wakeman)을 연상시키기도 한다. 실험적인 건반 주자가 차트 1위를 접수할 수 있던 시기가 70년대기도 하다.

영화 중반에 등장하는 비프(Beef)의 양성애적이면서도 번쩍거리는 비주얼과 자극적인 사운드는 데이비드 보위와 마크 볼란(Marc Bolan)의 글램록적인 특징을, 가슴을 드러낸 채 마초적으로 노래 부르는 모습은 레드 제플린의 로버트 플랜트(Robert Plant)를 연상시킨다. 록에 클래식과 오페라를 접목하는 영화 후반의 공연 장면은 70년대 중반 이후 화려하고 과장된 사운드를 구사하는 퀸(Queen)의 큰 성공과 더불어 월드뮤직와 전자비트가 접목되는 과정을 예견한다. 1974년에 만든 이 영화가 동시대의 음악적 경향을 고스란히 담아낼 뿐만 아니라 향후 진행될 유행을 한발 앞서 보여준다는 점이 놀랍다. 실제로 이 영화에서 마스크를 쓰고 전자음악을 연주하는 윈슬로는 실제로 20년 후 등장할 다프트 펑크에 직접 영감을 주기도 했다.

영화 속에서 악마 같은 비즈니스맨 스완(Swan)을 맡은 폴 윌리엄스(Paul Williams)는 사운드트랙 전곡을 작곡하였다. 폴 윌리엄스는 이후 영화 〈스타탄생(A Star is Born)〉으로 아카데미 주제가상을 받기도 했다. 70년대에는 좋은 곡을 쓰면 엄청난 음반 판매량이 보장되었기 때문에 폴 윌리엄스 같은 작곡가가 무엇보다도 중요했고, 뮤직 비즈니스는 이를 활용해 음반과 화려한 무대의 쇼를 통해 파이를 키웠다.

라스트 왈츠(The Last Waltz, 1978)

영화 〈라스트 왈츠〉에서는 더 밴드(The Band)와 마틴 스콜세지가 미국 중부 멤피스의 음악에 관해 이야기하는 장면이 나온다. 더 밴드의 멤버들은 멤피스가 미국 정중앙에 있기 때문에 미국적 전통이 하나로 섞였다고 주장한다. 스콜세지가 그 결과물이 무엇인지 묻자 그들은 단호하게 '로큰롤'이라 대답한다.

더 밴드는 캐나다 출신의 멤버로 구성되었지만, 미국 로큰롤의 중추에 해당하는 밴드다. 그들의 음악에는 올드 컨트리와 초기 로큰롤, 블루스 그리고 모타운의 리듬이 자연스럽게 녹아 있다.

그들은 로큰롤과 로커빌리의 시대였던 50년대에 로니 호킨스(Ronnie Hawkins)[23]의 밴드로 경력을 시작했다. 밥 딜런이 전기기타로 혁명을 일으키던 1965년, 밥 딜런의 최고 걸작을 같이 만든 밴드가 이후 더 밴드로 이름을 바꿀 호크스(The Hawks)였다. 한때 롤링 스톤스를 최고의 밴드라고 치켜세웠던 밥 딜런이 호크스가 최고라며 롤링 스톤스와 주먹질했던 일화까지 있을 정도다. 더 밴드라는 이름으로 60년대 후반에 내놓은 첫 두 앨범 "Music from Big Pink"와 "The Band" 그리고 밥 딜런과 공동작업한 "The Basement Tapes"는 두말할 필요 없는 가장 아름다운 로큰롤 앨범이며 그들의 공연 실력은 그 이상이다. 심지어 에릭 클랩턴은 "Layla"를 만들 때 "Music from Big Pink"를 통해 선율을 만드는 법을 다시 배웠다고 고백한다.

1976년 추수감사절, 샌프란시스코에서 열린 더 밴드의 고별 공연에는 그들의 실력에 걸맞은 대단한 뮤지션이 모였다. 밥 딜런, 에릭 클랩턴, 닐 영, 닐 다이아몬드(Neil Diamond), 링고 스타, 론 우드(Ron Wood), 닥터 존(Dr. John), 폴 버터필드(Paul Butterfield), 머디 워터스, 밴 모리슨(Van Morrison), 조니 미첼(Joni Mitchell), 스티븐 스틸스(Stephen Stills) 등 이날 공연 라인업은 미국적 록의 정수만 담았다고 해도 과언이 아니며 그만큼 공연 수준은 대단했다. 이 고별공연을 담은 영화인 〈라스트 왈츠〉는 미국의 전통으로 시작한 록을 간접 경험할 수 있는 교과서적인 작품이다.

마틴 스콜세지는 〈비열한 거리〉 촬영 중에 틈을 내서 〈라스트 왈츠〉를 작업했지만, 그가 카메라로 담은 영상에는 존경과 배려가 넘친다. 〈라스트 왈츠〉 촬영 중 마틴 스콜세지의 코카인 중독은 심각했는데 이는 뮤지션들과의 강한 유대감에서 기인한 것이다. 마틴 스콜세지는 그들과의, 특히 로비 로버트슨과의 친분을 이후 영화 사운드트랙에 적극적으로 활용했다. 존경과 배려가 넘치는 카메라 속에는 해체를 앞둔

〈라스트 왈츠〉 중에서.

멤버 간의 미묘한 감정의 골과 오랜 활동으로 인한 피로감 그리고 모든 것을 뛰어넘는 음악에 대한 즐거움이 느껴진다. 이 점이 〈라스트 왈츠〉를 많은 이들이 최고의 록 다큐멘터리로 꼽는 이유일 것이다.

올모스트 페이머스(Almost Famous, 2000)

이 영화의 오프닝 크레디트는 공연 티켓과 잡지가 수북이 쌓인 서랍장과 교차되는 메모에 나타난다. 취향에 관해 글을 쓰는 직업 또는 취미를 가진 이들에 대한 이야기면서 부모가 원하는 삶과 조금 다른 삶을 살기를 원했고 부모가 원하지 않았던 이들과 만나고 싶은 아이에 관한 영화기도 하다.

영화 속에서 소년은 역사상 가장 유명한 로큰롤 비평가로

실존했던 레스터 뱅스(Lester Bangs) — 필립 세이모어 호프만이 연기했다 — 를 만난다. 차도 없이 버스를 타는 그를 통해 대중음악 비평가가 경제적인 부를 보장하는 직업은 아닌 것을 알 수 있다. 레스터 뱅스의 권유로 소년은 블랙 사바스 공연을 취재하러 가고 거기서 스틸 워터라는 밴드와 록스타를 따라다니며 섹스를 원하는 그루피들 — 그들 자신은 그루피가 아니라 주장하지만 — 을 만난다. 록밴드의 첫 반응은 적대적이다. "우리의 적, 글쟁이군."

소년은 크림지의 라이벌인 롤링 스톤스의 벤 퐁 토레스(Ben Fong Torres) — 실존하는 대단한 비평가다 — 의 부탁에 따라 스틸 워터의 투어에 동행하며 글을 쓰게 된다. 레스터 뱅스는 소년에게 "스틸 워터 같은 쓰레기 밴드에 영혼을 팔

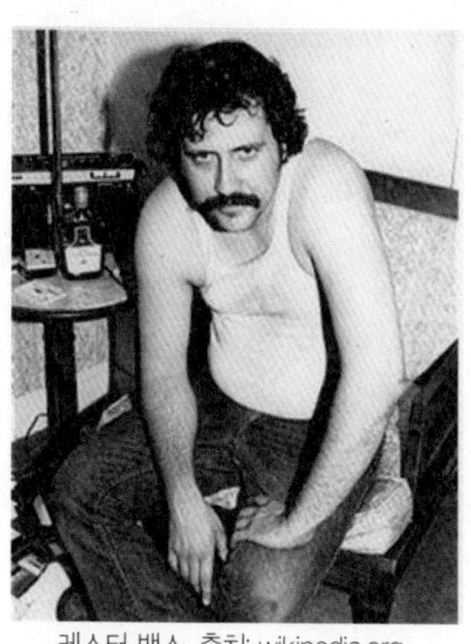
레스터 뱅스, 출처: wikipedia.org

지 마라."라고 말하지만 소년의 영혼은 이미 팔린 지 오래다. 소년은 록밴드의 흥청거리는 투어를 두려워하지만 모든 아이들이 그렇듯이 나쁘고 두려운 것에 매혹을 느끼고 다가서고 싶어 한다. 소년은 비평가로서 거리를 두려 하지만 그건 불가능하다.

스틸워터의 공연 장면 연출은 훌륭하다. 하지만 음악이 흐르는 장면 중 가장 매혹적인 부분은 투어 버스 안에서 누군가가 엘튼 존의 'Tiny Dancer'를 부르고, 모두 자연스럽게 그 노래를 따라서 부를 때다. 파티가 끝나고 다른 곳을 향해 떠날 때 허탈함과 피로감 그리고 서로 간의 실망이 얼굴에 묻어나지만, 이 노래를 하나 둘 따라 부르는 순간 모든 갈등과 피로는 잊힌다. 그때 소년이 집에 가야함을 이야기하자 그루피 소녀 페니 레인[24]은 여기가 바로 집이라고 이야기한다.

이 영화의 또 다른 매력은 영화의 구석구석에서 발견할 수 있는 로큰롤에 대한 깨알 같은 에피소드다. 관객이 그다지 알 리도 없고 관심도 없는 레스터 뱅스와 벤 퐁 토레스(ben fong torres)의 외향을 영화에서는 비슷하게 재현한다. 음반사에서 보낸 새 매니저 ― 최고의 인기 토크쇼 진행자 지미 펄론 ― 는 전세 비행기로 더 많은 투어를 하며 돈을 더 벌어야 한다며 '믹 재거가 50세에도 (특유의 팔 동작을 코믹하게 흉내 내며) 이러리라 생각하느냐?'라고 밴드에게 묻는다. 그러나 믹 재거가 50세는 물론 70세에도 여전함을 알고 있기에 웃음이 터질 수밖에 없다. 더욱이 영화의 배경인 70년대에는 믹 재거가 그런 동작을 하지 않았기에 영화는 오히려 의도적으로 틀린 사실을 전달하며 록의 역사가 수많은 오류와 판단 착오로 이루어졌음을 이야기하기도 한다.

록스타는 수많은 오류를 지닌 감정적인 이들이다. "나는 불멸의 신이다."라고 외치며 수영장에 뛰어드는 어이없는 허세를 부리는 이들이지만 한편으로는 순진한 아이를 통해 자신들의 부와 명예 그리고 욕망을 성취하려는 현실적인 어른이다.

영화는 그토록 갈망했던 록스타와 만나는 순간의 흥분 그리고 70년대 록스타 공연과 투어를 둘러싼 환경을 정확하고 자세하게 담아낸다. 이 영화는 소년과 소녀의 사랑 이야기며 훌륭한 성장 영화고 아름다운 로드 무비다. 하지만 음악영화로는 그 이상의 대단한 걸작이다. 모든 장면에서 의미심장하고 다층적인 상징과 은유로 70년대 록음악의 진실 또는 록음악에 기대하는 것, 그 환상이 무너지는 순간, 우리가 안다고 믿지만 알지 못하는 것들, 그럼에도 그것이 소중한 이유를 담고 있다.

더 월(The Wall, 1982)

핑크 플로이드(Pink Floyd)는 대표적인 프로그레시브록 밴드로 알려졌지만, 다른 영국 출신의 프로그레시브록 밴드와는 다소 차이가 느껴진다. 예스(The Yes) 정도를 제외하고는 클래식과 크로스오버를 추구하거나 실험적인 영국 출신의 록밴드가 미국 시장에서 성공을 거둔 적이 없었지만, 핑크 플로이드가 거둔 성공만큼은 그야말로 어마어마했다.

핑크 앤더슨(Pink Anderson)과 플로이드 카운실(Floyd Counsil)이라는 블루스 뮤지션에서 이름을 따온 것에서 볼 수 있듯이 핑크 플로이드의 사운드는 클래식보다 블루스에 영향을 받았고, 데이비드 길모어의 블루지한 기타는 대중적인 매력을 갖추었다. 핑크 플로이드가 런던에서 사이키델릭으로 밴드를 시작할 때 사이키델릭은 당시 주류 음악이었다.

이후 다소 실험적인 음악을 지향했지만, 앨런 파슨스의 정제된 프로듀싱으로 다듬어진 "Dark Side of the Moon"과 "Wish You Were Here"의 블루지한 스페이스 록(Space Rock) 사운드는 대중성과 작품성을 동시에 성취했다.

핑크 플로이드의 진보적 사운드는 대학생들을 중심으로 폭넓은 팬층을 확보하며 스테디셀러로서 입지를 공고히 한다. 이를 통해 얻은 상업적 성공은 그들에게 굴레가 아니라 예술적 야심을 블록버스터급 스케일로 펼칠 자유를 가져다주었다. 각 멤버들이 예술과 건축을 전공한 핑크 플로이드는 무대와 영상의 효과를 극대함으로써 공연을 종합 예술로 끌어올릴 야심이 있었고, 이미 미켈란젤로 안토니오니(Michaelangelo Antonioni)의 〈자브리스키 포인트(Zabriskie Point)〉 등 몇몇 영화 작업과 더불어 폼페이에서의 라이브 실황을 통해 그들의 관심사를 드러낸 바 있다.

1979년, "The Wall"은 록오페라로서 완결성을 지녔으며, 쇼에서 하나의 완결된 스토리 라인을 고려한 콘셉트 앨범이었다. 1982년, 앨런 파커가 이 앨범을 영화로 만들었을 때, 많은 이들은 보다 직접적으로 핑크 플로이드의 메시지를 이해할 수 있었다.

〈더 월〉에서 밥 겔도프(Bob Geldof)가 연기한 핑크(Pink)는 로저 워터스 자신의 이야기였다. 전쟁을 통해 아버지를 잃었

「더 월」 중에서.

고, 부모 세대의 가르침에 동의할 수 없었으며, 사회로부터 얻는 고통으로 인해 세상과 벽을 쌓은 것은 비슷한 시기에 자랐던 영국인들이 공감할 수 있는 경험이었다. "The Wall"과 핑크 플로이드가 여전히 인정받는 이유는 실험적이고 장인적인 음악만큼이나 이런 보편성에 기인하다.

컨트리, 내슈빌(Nashville, 1975)

컨트리는 미국 남부 아팔라치 산맥으로 이주해온 유럽 이민자들이 유럽 전통음악을 발전시켜 만든 음악이다. 우리에게는 '미국의 트로트' 정도로 인식되고 있지만, 1억 장이 넘는 음반을 판매한 가스 브룩스(Garth Brooks)나 컨트리적인 성향을 담아낸 아이돌 테일러 스위프트(Taylor Swift)의 성공에서 볼 수 있듯이 현재까지 미국에서 가장 꾸준히 팔리는 대중음악이다.

컨트리는 쉽고 단순한 멜로디를 기타와 피들[25]로 연주했지만, 그 단순함만큼 확장성을 지닌 음악이다. 현악단에서 태어난 블루그래스(Bluegrass), 남부 바(Bar)의 시끌벅적한 분위기를 가져온 홍키 통크(Honky Tonk)나 가스펠(Gaspel)과의 크로스오버도 있다. 또한 카우보이의 낭만을 가져오기도 했고, 재즈의 즉흥성을 빌려온 웨스턴 스윙은 로큰롤의 시작을 암시하기도 했다.

그런데 컨트리가 미국인이 가장 사랑하는 음악이 된 것은 1925년부터 테네시 주 내슈빌에서 열렸던 무대인 그랜드 올 오프리(Grand Ole Opry)의 역할이 크다. 컨트리의 신 행크 윌리엄스가 알려진 것도, 돌리 파튼(Dolly Parton)[26]과 가스 브룩스(Garth Brooks)는 물론 딕시 칙스(the Dixie Chicks)[27]가 유명해진 것도 그랜드 올 오프리 덕분이다. 기복 없는 컨트리의 인기는 그랜드 올 오프리라는 꾸준한 공연과 방송이 있었기에 가능했으며, 이를 통해 내슈빌은 컨트리의 수도가 된다.

로버트 알트만(Robert Altman)의 걸작 〈내슈빌〉은 그랜드 올 오프리가 열리는 5일을 집중적으로 담고 있다. 많은 이들을 울고 웃게 했던 그랜드 올 오프리와 컨트리는 대통령 선거 기간과 겹치면서 선전 도구로 변질된다. 무려 25명 이상의 주

〈내슈빌〉 중에서. 정치를 통해 변질된 그랜드 올 오프리.

요 출연진이 교차 출연하는 이 영화는 베트남 전쟁과 워터게이트로 공허해진 70년대 미국의 속살을 드러낸다.

영화에서 1시간 이상 사용된 컨트리 음악은 교차하는 인물 사이의 감정을 효과적으로 이어주는 역할을 하고 있다. 특히, 키스 캐러딘(Keith Carradine)이 'I'm Easy'를 부르는 순간은 실로 황홀하다. 로버트 알트만이 거장의 반열에 오르게 된 데에는 개성 있고 사려 깊은 연출 방식과 더불어 재즈와 컨트리 등 미국 전통음악을 영화음악으로 또는 음악영화로 활용하여 미국인의 감정을 적절히 표현한 데 있다.

사람들의 편견과 달리 컨트리는 보수적이고 게으른 음악이 아니다. 2005년 제임스 맨골드 감독이 연출한 영화 〈앙코르(Walk the Line)〉에 담은 자니 캐시(Johnny Cash)의 인생에서 살펴볼 수 있듯이 묵직한 저음의 단단함과 감옥에서 공연하는 반골 기질 그리고 한 여인을 영원히 사랑하는 아름다운 뚝심이 있는 음악이 바로 컨트리다.

토요일 밤의 열기(Saturday Night Fever, 1977)

60년대 후반 사이키델릭의 시대 이후 록의 허세와 심각함에 반감을 느낀 흑인, 라틴계, 이탈리아 출신들은 뉴욕 클럽을 중심으로 밴드 대신 레코드를 틀어놓은 채 춤을 추기 시작했다. 성 해방은 하나의 대세였고, 게이가 세상 밖으로 나오면서 이전과 다른 성적 코드를 담아냈으며, 70년대 초반 이삭 헤이스(Issac Hayes)나 배리 화이트(Barry White)가 선구적이었다. 이들은 70년대 록의 복잡함 대신 4분의 4박자의 단순함과 여성인지 남성인지 모를 모호한 가성이 특징이었다.

70년대 중반 이후 공룡 같은 록 스타들이 차례로 지지부진하자 클럽에 숨어 있던 디스코 뮤지션들이 대세가 되었다. 하지만 핵폭탄은 다른 리그에서 나왔다. 3형제 밴드인 비지스(Bee Gees)는 영화 〈토요일 밤의 열기〉 사운드트랙에서 그들이 이전까지 하던 소프트 록이 아닌 디스코를 가득 담았고, 이 앨범은 미국에서만 무려 1,500만 장 이상을 팔아치우며 새로운 역사를 썼다. 〈토요일 밤의 열기〉는 음악과 영화가 시

〈토요일 밤의 열기〉 중에서.

너지를 냈을 때, 그 폭발력이 어디까지인가를 보여준다.

〈토요일 밤의 열기〉에서 존 트라볼타가 연기한 이탈리아계 브루클린 청년은 디스코 세대의 전형이었고, 고달픈 삶의 현실에서 벗어나는 유일한 낙인 주말 저녁 디스코텍의 스타가 된다.

로큰롤 고등학교(Rock 'N' Roll High School, 1979)

학교 복도에 4인조 밴드가 중심이 되어 전진하고 그 뒤로 아이들이 교실을 박차고 나와 대열에 동참한다. 펑크 그룹 라몬스(Ramones)가 등장하는 〈로큰롤 고등학교〉의 한 장면이다. 이 영화에는 쥐를 고문하는 꼰대 교장의 실험이 나오고, 여기서 라몬스는 더 후와 롤링 스톤스보다 해로운 순도 높은 로큰롤로 평가된다. 이런 밑도 끝도 없는 재기발랄한 표현은 B급 영화의 대부 로저 코만(Roger Corman)이 제작했기에 가능했다. 또한 영화 속에서 활발하고 패기 넘치는 아이들의 난장은 라몬스의 2분짜리 펑크록과 무척 잘 어울린다.

라몬스는 빌보드 앨범 차트 44위가 최고 성적일 정도로 상업적 성공은 미미했으나, 그들의 음악적 영향력은 절대적이다. 「스핀」은 가장 위대한 아티스트로 라몬스를 비틀스 다음의 위치에 올려놓았고, 많은 이들은 라몬스를 최초의 펑크록 밴드라고 평가했다. 이기 팝(Iggy Pop)과 스투지스 the Stooges), 더 후, 킹크스에서 초기 펑크의 모습을 찾을 수 있지만, 라몬스는 70년대 후반 영국에서 섹스 피스톨스(Sex Pistols)와 클래시(Clash)가 등장하기 이전 모든 면에서 완전한 펑크 밴드였다. 1976년 발표한 라몬스의 첫 앨범 "Ramones"는 4코드 기타와 십 대의 외침을 직설적이고 빠르게 눌러 담은 2분 내외의 곡을 통해 레드 제플린과 핑크 플로이드로 대표되던 과잉의 시대가 조만간에 정리될 것임을 예견했다.

그뿐만 아니다. 90년대에 등장했으며 네오 펑크로 분류되는 그린데이(Green Day)와 오프스프링(OffSpring) 그리고 팝펑크 밴드인 블링크-182(Blink-182), 폴 아웃 보이(Fall Out Boy) 등의 장점도 70년대 라몬즈의 음악에서 고스란히 발견할 수 있다. 라몬스는 단순히 강하고 빠른 펑크를 지향했을 뿐만 아니라 비치 보이스(The Beach Boys), 비틀스, 롤링 스톤스, 이기 팝은 물론 50~60년대 걸그룹의 영향을 강조하며 팝적인 요소를 중시했다.

〈로큰롤 고등학교〉의 아이들이 라몬스에 열광하는 이유는 강력한 만큼 그들이 좋아할 만한 팝적인 멜로디를 담았기 때문이다. 결국 이것은 당시 록에 두껍게 덧칠한 것을 벗겨내고 로큰롤의 시작으로 돌아가는 과정이었다. 모든 멤버가 '라몬스'로 성을 통일했고, 섹스 피스톨스가 등장하기 3년 전인 1974년부터 뉴욕의 CBGB를 중심으로 22년간 2,263회를 공연하며 펑크가, 록이, 로큰롤이 가야 할 길을 정의했다. 이후 라몬스는 90년대 너바나, 그린데이 등 얼터너티브록과 네오 펑크 밴드가 등장하여 그들의 업적이 재평가될 시점에 해체를 결정했다. 후배 밴드에 의해 그들의 업적이 장식되는 것을 원하지 않았기 때문이다.

시드와 낸시(Sid And Nancy, 1986)

뉴욕 맨해튼의 첼시는 낡은 호텔이지만, 마크 트웨인(Mark Twain), 아서 밀러(Arthur Miller) 같은 작가 그리고 밥 딜런, 조니 미첼, 레너드 코헨(Leonard Cohen), 지미 헨드릭스, 마돈나 등 수많은 뮤지션들이 예술혼을 불태운 곳이다. 또한 딜런 토마스가 죽었고 섹스 피스톨스(Sex Pistols)의 시드 비셔스(Sid Vicious)가 애인 낸시를 살해한 곳이기도 하다.

악명 높은 연주력에도 불구하고, 그들의 음악에 동의를 하건 안 하건 섹스 피스톨스는 하나의 혁명이었다. 섹스 피스톨스는 3년 동안 단 1개의 정규 앨범 "Never Mind the Bollocks, Here's the Sex Pistols"를 발표했을 뿐이지만, 그들의 등장은 70년대 팝의 가장 충격적인 사건이 된다. 불황에 허덕이던 70년대 영국에서 섹스 피스톨스는 복잡함과 스케일

호텔 첼시의 객실 앞에 걸린 시드 비셔스의 초상화.

에 집착하며 침체됐던 음악적 경향을 단숨에 바꾸어놓았다. 섹스 피스톨스가 펑크의 원조는 아니지만, 3코드 2분짜리 곡이라는 펑크 형식 자체는 누가 원조임을 따질 필요도 없다. 로큰롤이 그랬듯이 영국의 역할은 미국에서 시작한 것에 폭발력을 더해 미국에 되돌려주는 것이다.

"Nevermind the Bollocks: Here's the Sex Pistols"의 커버는 여러 글자를 짜깁기해서 만들었는데 이는 유럽에서 협박편지를 보낼 때 쓰는 방법이었다. 'God Save the Queen'을 통해서 여왕을 비웃었는데, 이 앨범은 레코드 판매점에서 판매를 거부했고 법정 소송까지 가기도 했지만 지금까지도 꾸준히 팔리고 있다. 그들의 행동은 질서를 비웃고 그것에 저항하는 것처럼 보였지만 사실 많은 부분은 계산된 것이었다. 섹스 피스톨스의 매니저 말콤 맥라렌은 'Too Fast to Live, Too young to Die'라는 이름의 패션숍을 운영했었고, 섹스 피스톨스를 통해 사슬, 지퍼, 배지 등 지금까지 펑크록 패션이라 할 만한 것을 규정했다.

하지만 죽음은 전설을 만든다. 첼시 호텔에서 마약중독으로 허우적거리던 시드 비셔스는 애인 낸시를 살해하고 자신도 재판 진행 중에 약물과다로 세상을 떠난다. 물론 이 사기극이 전설이 된 이유는 그들의 단순한 음악이 대중에게 설득력 있게 다가갔기 때문이다. 이 사건은 영화 〈시드와 낸시〉로 제작되었고, 젊은 게리 올드만(Gary Oldman)에게서 시드 비셔스를 발견할 수 있었다.

댄스와 팝의 시대

스톱 메이킹 센스(Stop Making Sense, 1984)

무대의 빛을 따라 하얀 신발을 신은 한 남자가 등장하고, 무대 옆에 놓인 카세트테이프 레코더의 반주에 맞춰 발을 구르며 영화는 시작된다. 리듬에 맞춰 춤을 추는 것은 누구나 할 수 있고 별 다를 게 없어 보이지만 남자의 몸짓은 뭔가 다르고 괴상하다. 카메라의 앵글이 얼굴을 향하자 목이 유달리 긴 남자가 다소 원시적인 동작으로 목을 흔들며 리듬을 탄다. 관객이 있긴 하지만 무대는 공사가 끝나지 않은 것처럼 어수선하다. 남자가 노래 부를 때 장비를 하나둘씩 옮기는 장면도 보인다. 무대의 남자는 토킹 헤즈(Talking Heads)의 리더 데이비드 번(David Byrne)이며, 그가 부르는 노래는 그들의 첫 싱글 'Psycho Killer'다.

이 노래가 끝날 때쯤 드럼 키트와 나머지 멤버도 들어와서 다음 곡을 이어간다. 무대는 여전히 어수선하지만, 객석에서는 뉴욕 노동자처럼 보이는 관객이 곡에 맞춰 뻣뻣한 막춤을 춘다.

무대 뒤편이 가려지고 코러스와 퍼커션이 나오자 서서히 본색이 드러나지만, 여전히 세련되기보다는 단순하고 기괴하다. 원시적이지만 유쾌한 리듬과 촌스럽게 보였던 모든 것이 누구와도 비교할 수 없는 독창성과 개성으로 느껴지기 시작한다. 토킹 헤즈는 그런 밴드다. 원시적이고 촌스럽고 괴상하지만, 결국에는 세련된 최첨단 유행까지 만들어냈던 팀이다.

토킹 헤즈는 70년대 중반, 뉴욕의 유명한 펑크 클럽 CBGB에서 라몬스의 오프닝 공연에 등장하며 섹스 피스톨스 이전에 펑크를 흡수했다. 또한 70년대 후반, 데이비드 보위와의 베를린 3부작을 막 마친 브라이언 이노(Brian Eno)와 함께 작업하여 새로운 비트에 대한 음악적 비전을 펼쳤다. 싱글 'Life During Wartime'의 가사 중 "파티가 없어, 디스코도 없어, 주위의 바보도 없어(This Ain't No Party, This Ain't No Disco, This Ain't No Foolin' Around)"라는 후렴구는 뉴웨이브 시대를 알리는 하나의 선언과도 같았다.

1980년, "Remain in Light"에 이르러서는 전통적인 로큰롤의 백비트 대신 아프로 비트(afro beat) 등 월드뮤직적인 요소를 전폭적으로 받아들여 기존 록의 서브 장르를 대체하는 포스트 펑크(punk)나 펑크(funk)를 선보였고, 실험적인 아트 펑크와 춤추기 좋은 댄스록이 공존하는 음악으로 누구나 상상은 했지만 아무도 성취하지 못했던 결과를 도출해 낸다. 킹 크림슨(King Crimson)의 로버트 프립(Robert Fripp)이나 제너시스(Genesis) 출신의 피터 가브리엘(Peter Gabriel) 등 프로그레시브록 뮤지션도 이 앨범 이후 다른 방향을 모색해야 할 정도였다.

〈스톱 메이킹 센스〉는 전성기 토킹 헤즈의 끝자락인 1984년에 조나단 드미(Jonathan Demme)가 연출한 공연 영화다. 이후 〈양들의 침묵〉 〈필라델피아〉 같은 작품을 만들었던 그는 이 영화 역시 단순한 공연 실황 다큐멘터리를 넘어서는 수준의 정교한 연출력으로 토킹 헤즈가 지향하는 예술관을 관객에게 전달한다. 색색의 화려한 조명을 배제하는 대신 스크린 뒤로 비치는 그림자 효과를 빈번히 사용하는데 오히려 이것은 무대 장치와 그들이 추는 춤을 더욱 강렬하게 부각시킨다. 또한 공장 한구석처럼 꾸며진 무대는 실제로 조나단 드미와 데이비드 번에 의해 정밀하게 계산된 것이었다.

〈스톱 메이킹 센스〉 중에서.

LA의 팬티지 극장에서 열린 이 공연에서 카메라는 그들의 막춤을 방해하지 않기 위해 원거리로 설치되었다. 조나단 드미는 근접 촬영을 위해 관객 없이 다시 찍기를 원했지만 토킹 헤즈는 관객 없는 공연은 의미 없다는 이유로 거절했다. 정교하게 계산된 음악과 영상을 지향하지만 록이 지녀야 할 생동감이란 미덕을 결코 잊지 않았기 때문이다. 이 영화는 마틴 스콜세지의 콘서트 영화처럼 청중을 거의 비추지 않는다. 이 영화를 보는 이들이 공연을 직접 보는 청중의 입장이기를 바랐기 때문이다.

밴드 커리어와 공연 영화의 정점을 찍은 이 영화 이후 팀은 내리막길을 걸었다. 문제는 데이비드 번이라는 밴드의 특출한 인물이었다. 밴드 내에서만 재능을 가두기 힘들었던 그는 오페라나 영화음악에 관심을 가졌고, 류이치 사카모토와 작업한 〈마지막 황제〉로 아카데미 영화음악상을 차지하기도 했다. 결국 밴드 멤버 간의 불화는 점점 커졌고, 90년대 이후 사실상 해체나 마찬가지인 상태가 되었다. 물론 데이비드 번은 여전히 대단한 창작력을 과시하고 있지만 말이다.

헤비 메탈의 시대, 이것이 스파이널 탭이다(This is Spinal Tap)

푸들 같은 장발의 금발, 민망한 쫄바지에 과장된 액션. 80년대 헤비메탈은 지금 보면 유치하고 민망할 따름이다. 롭 라이너의 모큐멘터리[28]인 〈이것이 스파이널 탭이다〉는 80년대 헤비메탈의 유치하고 민망한 디테일을 깨알 같이 담아낸다. 우선 밴드를 구성하는 3명의 주요 멤버는 정확히 메탈 성향을 가진 록밴드의 평균적인 얼굴이라 봐도 과언이 아닐 정도로 전형적이다. 공연 중 얼굴이 잘 보이지도 않는 드러머가 매번 다양한 이유로 요절하는 것으로 교체되는 설정 역시 그렇다. 한 드러머가 구토로 인해, 그것도 다른 이의 토사물로 인해 요절한다는 설정도 폭소를 금할 수 없는 부분이다. 이는 레드 제플린의 드러머 존 본햄(John Bonham), AC/DC의 보컬 본 스콧(Bonn Scott) 그리고 지미 헨드릭스의 사인이 과음 후 토사물에 의한 질식사였다는 것을 적절하게 뒤틀어 유머

〈이것이 스파이널 탭이다〉에서 연주 중인 멤버들.

코드로 삼은 것이다.

쉴 새 없이 터지는 웃음 속에서 가장 코믹한 부분은 기타리스트가 극 중 다큐멘터리 감독에게 앰프 성능을 자랑하는 장면이다. 기타리스트는 앰프의 볼륨 레벨이 대부분 10으로 설정된 것과 달리 자신이 사용하는 앰프의 볼륨 레벨은 11이라며 다른 앰프가 벼랑에 다다랐을 때 이 앰프는 그 이상을 갈 수 있다고 자랑한다. 감독이 "볼륨 최고 레벨을 10으로 설정하지 그랬어요?"라고 말하자 기타리스트는 "11까지 올라간다니까요?"를 반복할 뿐이다.

록밴드의 말도 안 되는 허세를 풍자하는 장면이지만 어떤 이들은 기타리스트의 반응에 동의하기도 한다. 극단의 음악인 록은 상식을 넘어서는 흥분, 희열, 쾌락이 핵심이다. 그게 의도한 오버 액션일 수도 있고 감정의 표현일 수도 있지만,

그것이 록이기도 하다. 이점이 바로 이 영화를 사랑할 수밖에 없는 지점이다.

이 밖에도 많은 웃음이 공연 장면에서 나온다. 소통의 실수로 거대한 고인돌 대신 작고 귀여운 고인돌이 하늘에서 내려오는 장면, 파충류 알 같은 공간을 열 때 문이 고장 나는 장면, 백 스테이지에서 무대로 나가는 길을 찾지 못하는 장면, 남자가 자신의 물건 크기를 과장하기 위해 바지 안에 오이를 넣고 다니다가 공항 검색대에서 걸리는 장면 등은 어처구니없이 과장된 코미디처럼 보인다. 그러나 실제 많은 록뮤지션의 인생도 아이에서 더 이상 성숙하지 않은 피터팬의 모험담과 같으며 영화 속 장면과 크게 다르지 않다. 영화는 로큰롤의 탄생부터 사이키델릭과 하드록 그리고 헤비메탈의 시대에 이르기까지 각 시대의 개성을 정확히 짚어낸다.

영화는 웃기지만 영화 속 음악은 웃기지 않다. 헤비메탈의 시대와 어울리는 꽉 찬 사운드는 즐거움을 안겨주며, 자막이 없어도 영화를 보는 내내 흥겨움에 춤을 들썩들썩 추게 된다.

로저 이버트[29)]가 말한 것처럼 이 영화 속의 캐릭터는 '성스러운 바보'다. 그냥 바보가 아니다. 록이라는 음악과 밴드라는 하나의 사회 속에서 서로 갈등하지만 하나의 신념을 공유하는 아름다운 순간의 바보. 이 바보들은 구닥다리 헤비메탈 밴드들의 인생을 예견하듯이 '오덕후'라 불리는 일본의 마니아들에 의해 구원된다. 80년대는 성스러운 바보의 시대였다.

24시간 파티 피플(24 Hour Party People, 2002)

프리미어 리그의 공격수이자 2m가 넘는 피터 크라우치는 가끔 골을 넣을 때마다 로봇 댄스를 췄다. 그 춤의 원조가 조이 디비전(Joy Division)의 이안 커티스(Ian Curtis)였다. 조이 디비전은 활동 당시 영국 차트 71위에 그친 그저 그런 인디 밴드였지만, 이안 커티스가 미국 투어 직전 목을 매고 자살한 후 발표한 두 번째 앨범이 10위 안에 오르는 성공을 거두었다. 섹스 피스톨스라는 펑크의 폭풍우가 불어 닥친 후 조이 디비전이 만든 포스트 펑크라는 어두운 사운드는 이후 수많은 밴드에게 하나의 레퍼런스가 된다. 바우하우스(Bauhouse) 같은 고딕록 사운드에 영향을 미쳤고, U2와 큐어(Cure)에게서 조이 디비전의 영향을 발견할 수 있다. 인터폴(Interpol), 블록 파티(Bloc Party) 그리고 에디터스(Editors) 같은 신세기를 이끄는 어둠의 자식들에게도 큰 영향을 미쳤다는 점도 놀랍다.

조이 디비전과 이후 영국 맨체스터에서 벌어진 일도 섹스 피스톨스로부터 시작되었다. TV쇼를 진행하던 토니 윌슨은 관객이 42명뿐이던 섹스 피스톨스의 공연을 본 후 감명 받아 팩토리 레코드를 설립한다. 그곳을 찾은 42명 중에는 조이 디비전과 버즈 콕스를 결성할 아이들도 있었다. 숱한 문제작을 만든 마이클 윈터바텀(Michael Winterbottom)은 〈24시간 파티 피플〉에서 토니 윌슨의 팩토리 레코드를 통해 80년대 포스트 펑크와 매드체스터 — 말 그대로, 미친 맨체스터를 의미한다 — 를 바탕으로 열린 새로운 음악적 경향을 특유의 영국식 코미디로 엮어낸다.

이안 커티스의 자살 이후 조이 디비전은 뉴 오더(New Order)로 재편되고 이전의 다크함을 걷어낸 댄서블한 사운드로 큰 성공을 거둔다. 그뿐만 아니라 빵에 쥐약을 넣어 3,000마리의 비둘기를 살해한 괴짜 숀과 폴 라이더 형제는 해피 먼데이스(Happy Mondays)를 결성하고, 이들은 토니 윌슨이 만든 클럽 하시엔다에서 매일 밤 미친 듯이 춤 추려는 암울한 청춘들을 불러 모은다. 영화 속 토니 윌슨은 하시엔다를 '우리의 대성당'이라 불렀고 구세대와 신세대의 교차지점으로 여겼다. 하시엔다는 세계 최고의 클럽이라 할 정도로 북적였지만, 늘 마약 브로커들이 문 앞을 지키고 있었고 그로 인해 만성적인 적자에 시달려야 했다. 그들의 최고 스타였던 해피 먼데이스 역시 악명 높은 마약중독자였으며, 그들의 마약 자금을 대기 위해 엄청난 돈이 사용되어 결국 팩토리 레코드는 파산한다. 폭발적이었던 만큼 지속하기는 어려웠던 것이다.

하지만 하시엔다와 팩토리 레코드는 말 그대로 미친, 매드체스터의 상징이었다. 매드체스터는 록밴드나 가수 같은 음악의 창작자가 아니라 중간자인 DJ가 음악의 중심이 되고 뻣뻣한 백인 남자도 춤을 출 수 있는 레이브의 시작이었다. 이를 통해 이전의 전형적인 록음악 대신 춤추기 좋은 댄스음악이 득세했으며, 록음악도 댄스음악에 대한 거부감이 누그러들었고, 로큰롤이 시작했던 바로 그 자리이기도 했던 댄스음악을 재발견하게 된다.

퍼플 레인(Purple Rain, 1984)

〈퍼플 레인〉을 수작으로 보기는 어렵다. 이야기는 밑도 끝도 없고 그냥 무한정 끈적인다. 프린스가 섹시한 흑인 여자와 오토바이를 타고 숲으로 가고, 물가에서 갑자기 여자가 옷을 벗고, 갑자기 여자를 때리고 불길한 음악이 깔린다든지 뭐 이런 식이다. 3분짜리 뮤직비디오라면 가능한 방식이겠지만 장편 영화로는 참기 어려운 수준이며, 그나마 몰입할 수 있는 부분은 프린스의 공연 장면이다.

그런데 사운드트랙이 거둔 성과는 엄청났다. 미국에서만 무려 1,300만 장 이상 판매되었고, 'When Doves Cry'와 'Let's Go Crazy'가 빌보드 차트 1위에 'Purple Rain'이 2위에 오르는 등 총 4개의 TOP10을 배출했다. 그래미에서도 두 개의 트로피를 가져가며 음악성을 인정받았다.

이 사운드트랙 앨범을 위해 프린스는 이전까지 혼자서 모든 것을 담당한 원맨 밴드를 대신해서 더 레볼루션(the Revolution)이라는 밴드를 결성했고, 이를 통해 흑인의 리듬 앤 블루스 사운드에 록의 강력함을 가져왔다. 또한 80년대 초반 유행하던 뉴웨이브 사운드를 채용했으며, 프린스의 기타는 사이키델릭했다. 'Let's Go Crazy'의 동물적인 비트와 'Purple Rain'의 질리도록 반복되지만 중독적인 기타사운드 그리고 'When Doves Cry'의 실험성까지 프린스만이 가능한 찐득거리는 육체성이 넘쳐났다.

본능적으로 모든 악기와 장르를 잘 다루는 로큰롤 애니멀 프린스의 음악은 펑크(funk)가 지닌 공격적인 리듬과도 달랐다. 흑인 음악의 육체적 전통에 따랐지만 프린스는 흑인 남성으로 규정할 수 없는 다른 동물과 다른 성을 소유한 것처럼 느껴진다. 프린스는 데이비드 보위와 리틀 리처드가 그랬던 것처럼 양성애적이고 동물적인 본능이 꿈틀거리는 자신만의 팝 세계를 구축했고, 그것으로 전 세계를 흔들었다. 마이클 잭슨이 네버랜드의 늙지 않은 소년이었다면, 프린스는 태어나면서부터 섹스를 갈구하는 성인들의 공간에서 사육된 것처럼 보였다.

〈퍼플 레인〉을 음악영화의 관점에서 보자면 좋은 영화라고도 볼 수도 있다. 돌발적이고 가학적이면서도, 피학적이고 작고 위험한 동물인 프린스라는 뮤지션 자체가 영상이 주는 공기 속에 효과적으로 녹아들어 있다. 끈적거리는 영상 대신 멋들어진 공연에만 집중하려면 공연 실황인 〈사인 오 더 타임스(Sign 'O' the Times)〉가 훌륭한 선택이 될 수도 있겠지만.

문워커(Moonwalker, 1988)

팝의 황제 마이클 잭슨. 그는 음악과 쇼에서만은 완벽주의자였고, 그만큼 활동 기간에 비해서 발표한 음반의 수가 많지 않다. 전성기인 80년대에 마이클 잭슨이 발표한 앨범은 역사상 가장 많이 팔린 앨범 중 하나며 그래미를 싹쓸이한 "Thriller"와 이어지는 "Bad" 단 2장이었다. 마이클 잭슨은 음반과 비주얼 모두 완벽을 추구했다. MTV 출범 후 뮤직비디오를 통해 자신을 매개로 전할 수 있는 쾌락을 극대화하도록 훈련했고, 공연으로 그것을 증명할 차례였다.

"Bad" 발표 후 마이클 잭슨은 솔로로 최초의 투어를 진행

했고, 이 〈Bad〉 투어에서 뮤지션으로서 전성기를 보낸다.

그의 트레이드 마크인 문워커 댄스에서 이름을 딴 영화 〈문워커〉는 열광할 수밖에 없는 팝스타의 가장 아름답고 눈부신 순간을 연출했지만, 하나의 연속적인 이야기라기보다는 길게 이어진 뮤직비디오 모음에 가깝다. 유럽과 남아메리카에서는 극장에서 개봉했고, 북미에서는 워너 브라더스가 크리스마스 시즌 개봉 계획을 취소하고 〈Bad〉 투어 종료 후 홈비디오로 발표했다. 전성기 마이클 잭슨의 인기에 부합하듯이 전 세계적으로 6,700만 달러를 벌어들이며 흥행에도 큰 성공을 거두었다.

〈문워커〉는 엔딩 크레디트를 제외하면 총 7개의 세그먼트로 구성되며, 웸블리 공연 장면에서 이어지는 두 번째 세그먼트 'Retrospective'는 이 영화의 정수에 해당한다. 잭슨 파이브에서부터 솔로로 활동하기까지 마이클 잭슨의 히트곡으로 엮은 바이오그래피다. 모타운의 풍성한 선율과 사운드에서 보다 록킹한 비트로 날개를 단 마이클 잭슨의 솔로 앨범까지 감각적으로 연결되는 히트곡 메들리가 마이클 잭슨의 시대를 알린다.

그때는 성형 후유증도, 하얗게 탈색한 피부도, 아동 성추문 루머도, 그런지의 공세도 없던 마이클 잭슨의 천년왕국이 구축되던 때였다. 음악과 춤만으로도 멋지지만 특수 효과 역시 세월의 흐름을 느낄 수 없이 세련된 수준을 자랑한다. 클레이 애니메이션과 최첨단 촬영 기법이 총동원되었지만 그 쾌락의 정점은 마이클 잭슨의 음악이다. 기본적으로 〈문워커〉는 각각의 뮤직비디오가 다양한 개성을 지니고 음악 자체의 힘으로 인해 지루할 틈이 없다.

하지만 그때가 마이클 잭슨의 정점이었다. 이어지는 80분 가량의 역작 "Dangerous"와 투어, 앨범 판매는 나쁘지 않았지만 많은 돈을 쓰기 시작했고 각종 추문이 끊임없이 그를 따라 다녔다. 베스트 앨범 "History"에서는 서서히 힘이 떨어지기 시작했고, 신세기에 발표한 "Invincible"은 평단의 호평에도 크게 실패한다. 이 실패는 재앙에 가까웠고 재기의 날개를 펴기 직전 마이클 잭슨은 뜻하지 않은 죽음을 맞이한다. 그러기에 〈문워커〉 속 순수한 아이의 이야기를 보면 길러진 팝스타, 네버랜드의 피터팬이 지닌 운명이 슬프게 느껴지기도 한다.

진실 혹은 대담(Madonna: Truth Or Dare, 1991)

영화는 시작부터 투어가 끝난 후 상실감을 이야기한다. 그리고 1990년의 블론드 앰비션 월드 투어(Blond Ambition World Tour)를 돌아보며 투어 멤버 간의 관계에 시선을 둔다. 투어의 댄서와 코러스는 마음 놓고 마돈나에 대한 뒷이야기를 늘어놓는다. "자기가 우리 엄마인 줄로 착각한다니까?" "(마돈나는) '난 가난한 흑인으로 태어났다니까.'라고 이야기하더군. 그런데 (흑인의) 리듬감이 없어서 그렇지."라는 농담인지 진담인지 모를 대화를 늘어놓는다. 카메라가 일거수일투족을 담고 있다는 것을 모를 리 없는 상황에서 이런 농담은 실제로는 그들이 마돈나와 얼마나 격의 없는 사이임을 표현하는 도구가 된다.

곧이어 일본 공연이 이어진다. 장마철이기에 두꺼운 점퍼를 입고 무대에 등장한 마돈나는 투덜거린다. 규제가 심한 일본의 문화와 너무 조용한 일본 관객 속에서 좋은 기분일 리 없었다. 다소 답답한 일본 공연 장면은 흑백으로 처리된다. 미국으로 빨리 돌아가고 싶은 마돈나의 소망이 드러나고 이어지는 미국 투어 장면은 컬러로 바뀐다. 마돈나는 평범한 정장 바지를 입은 것처럼 보인다. 하지만 찢어진 정장 사이로 마돈나의 상징인 고깔같이 뾰족한 브래지어가 튀어나온다. 마침 연주되는 노래는 'Express Yourself'다.

이어지는 장면에서 마돈나는 "삶과의 힘든 투쟁을 지속하는 이들에게 신나는 삶을 선물하고 싶었죠."라고 고백한다. 마돈나의 성공담은 삶과의 힘든 투쟁이었고 신나는 삶과 세상 속에서 인정받기 위한 투쟁이었다. 마돈나는 투어 스태프

각각의 삶과 투쟁에 관심을 가진다.

이어지는 공연에서는 '성녀'와 '창녀' 그리고 '백인 여자(마돈나)'와 '흑인 남자'의 이미지를 결합하며 종교적이고 성적 관념을 비튼다. 자신의 공연을 나름 완벽하게 제어하려는 마돈나는 무대 모니터와 기술적 문제에 대해 불평을 늘어놓고, 업계 관계자들로 채워진 관객석 앞줄이 춤은 안 추고 음탕하게 쳐다보기만 한다고 욕한다. 공연이 끝난 후 마돈나는 아버지에게 다정하게 안부를 묻는 딸이지만 그럼에도 아버지는 다음 공연에도 옷을 벗을 것인지를 걱정한다.

항상 화제를 몰고 다닌 마돈나는 문제를 피하기보다 정면 승부하는 것을 선호했다. 토론토 공연 당시 경찰은 공연에서 마스터베이션 장면을 연출하면 체포하겠다고 협박하자 마돈나는 전 남편 숀 펜(Sean Penn)이 투옥된 이야기를 하며 이번에는 자기가 감옥에 갈 차례라고 당당하게 말한다. 하지만 공연 시작 전의 불안감 역시 카메라는 잡아낸다. 이어지는 공연 장면에서 두 유색인종 남자 댄서에게 뾰족 브래지어를 채우고 침대 위에서 온갖 음란한 동작으로 느리고 끈적거리는 몸짓으로 히트곡 'Like a Virgin'을 부른다.

하지만 마돈나는 무모하기보다 전략적이었다. 바티칸이 마돈나의 공연을 반대하자 영화는 바티칸을 향한 공손한 성명서를 발표하는 장면과 종교적으로까지 보이는 'Live to Tell'

의 공연 장면을 교차하면서 보여준다. 이런 노력에도 결국 2번의 쇼가 취소되었지만.

한편 영화는 아내가 있는 안토니오 반데라스를 사랑한 마돈나가 상처받는 모습을 노골적으로 보여준다. 사람들은 에로틱한 마돈나를 보며 기계적이고 속물적인 섹스머신을 상상하지만 마돈나의 연약하고 순수한 모습을 실수로 또는 의도적으로 노출한다. 심지어 성대를 다쳐 치료받는 모습까지 보여주자 당시 연인이던 워렌 비티(Warren Beatty)는 이런 것까지 촬영할 필요가 없다면서 투덜거린다.

마돈나의 강점은 노출에 대한 당당함에 있다. 굳이 옷을 벗는다는 것뿐만 아니라 자신의 감정과 생각을 표현하는 데 두려움이 없다는 것이며, 이점은 80년대 가창력을 과시하는 수많은 노래 기계들과의 전쟁에서 생존한 이유다.

영화 작업 역시 자신을 노출하고 이해받기 위한 코스였다. 마돈나는 자신의 노래와 춤이 그다지 뛰어나지 않다는 것을 알고 있다. 하지만 남들과 달리 사람들을 선동하고 자극할 수 있는 그녀의 능력에 대한 확신 역시 있다.

이 영화에는 마돈나의 노래 하나하나가 막대 사탕처럼 달콤했던 속물적인 여자(Material Girl)시절의 마돈나가 담겨 있다. 이제 마돈나는 '팝의 여제'에서 여성에 국한할 필요 없는 황제로 등극했지만, 그리고 그 과정에서 진정성을 확보하기 위해 알런 파커의 영화 〈에비타〉도 찍었지만, 마돈나가 정말 끝내주던 시절은 바로 〈진실 혹은 대담〉을 찍을 이 시점이었다.

대안을 찾아서

래틀 앤 험(Rattle and Hum, 1988)

영화의 시작을 알리는 공연 부분에서 U2의 프런트맨 보노(Bono)는 관객에게 "이 곡은 원래 찰스 맨슨(Charles Manson)[30]이 비틀스로부터 훔친 건데 우리가 다시 훔치려고 합니다."라고 말한 후 비틀스의 'Helter Skelter'를 부른다. 로큰롤의 역사는 훔침의 역사였다. 시작부터 블루스에서 훔쳤고, 60년대 영국 뮤지션들은 미국의 전통을 훔쳤다. 이제는 U2가 미국을 훔칠 차례였다.

영화는 U2에게 그래미를 안겨준 "Joshua Tree"의 엄청난 성공과 함께한 미국 투어에 관한 다큐멘터리다. 또한 그들이 직접 밝힌 것처럼 그들의 초기 음악에서 발전하면서 겪는 과정에 대한 이야기다. 영화는 공연 장면과 로큰롤의 본고장 미국을 여행하는 장면을 교차하며, U2의 음악이 미국 전통에서 온 것임을 확인한다. 보 디들리(Bo Diddley)의 유산인 'Desire'는 물론, 할렘의 성가대와 같이 작업하는 장면에서 'I Still Haven't Found But I'm Looking for'가 미국의 가스펠에서 가져온 것임을 고백한다. 멤피스에서는 제리 리 루이스의 프로듀서 잭 클레멘트(Jack Clement)와 녹음하고, 62살이 된 비비 킹에게 'When Love Comes Town'을 헌정한다. 샌프란시스코 도심 한복판에서 밥 딜런과 지미 헨드릭스의 'All Along the Watch Tower'를 연주하고, 엘비스의 흔적을 찾고 환상이 깨지는 순간을 맞이하기도 한다. 'Sunday Bloody Sunday'에서는 미국 내 수많은 아일랜드 이민자들의 역사를 통해 접점을 찾는다.

흑백의 화면 속에는 길게 늘어뜨린 그림자를 유달리 많이 볼 수 있는데, 이것은 마치 그들의 음악에 남아 있는 미국 전통과도 같다. 거대한 성공을 상징하는 풋볼 경기장에서 초대형 공연이 열릴 때 영상은 컬러로 바뀐다. U2가 혼신의 힘을 다해 공연을 끝내고 무대에 쓰러지면서 "굿나잇, 신의 축복을'이라고 말하는데, 이것은 관례적인 공연 종료의 인사일 뿐

U2의 초대형 콘서트 장면.

아니라 그들에게 음악을 선물한 미국에 대한 인사였다.

이 영화에 대한 평가는 엇갈린다. 롤링 스톤스의 앤소니 디커티스(Anthony DeCurtis)는 "이 영화는 U2의 장점을 잘 보여주고 있지만, 그럼에도 밴드의 비전을 충분히 설명하진 못했다."라고 다소 시니컬한 반응을 보였다. 사실 그럴 만도 했다. U2는 이 영화에서 "Joshua Tree"까지 그들에게 영향을 준 미국의 전통을 이야기하려고 했지 그다음 비전에 대해서 밝힐 생각도 없었고 또한 당시는 그룹이 혼란스러웠던 시기였다. 그들의 이후 관심은 유럽의 일렉트로니카였고, 결국 1991년 또 다른 정점 "Achtung Baby"를 발표한다.

라스트 데이즈(Last Days, 2005)

너바나(Nirvana)의 출연은 15년 전 섹스 피스톨스의 방식과 비슷했으며, 사운드도 흡사했다. 90년대를 대표하는 앨범인 "Nevermind"의 타이틀은 섹스 피스톨스의 "Nevermind the Bollocks: Here's the Sex Pistols"에서 가져왔고, 자기 파괴적이며 원초적인 에너지의 강렬한 사운드지만 대중적으로 어필할 수 있는 곡 자체의 매력이 있다. 적어도 그들의 등장은 이전의 음악을 지겹게 느끼게 하는 특징이 있었다. 섹스 피스톨스는 70년대 하드록과 아트록을 지겹게 했고, 너바나는 80년대 헤비메탈을 죽여 버렸다. 상징적인 인물이 급작스러운 요절을 맞이하며 밴드가 사라졌던 것조차 비슷했다. 시드 비셔스가 그랬던 것처럼 더벅머리의 커트 코베인은 루저의 상징처럼 여겨지지만 실제로는 누구나 따라 하고 싶은 매력적인 패션아이콘이기도 했다. 커트 코베인은 헤비메탈을 대신하는 얼터너티브 또는 지글거리는 기타사운드의 그런지로 알려졌지만, 대중적인 흡입력을 지닌 곡을 작곡하는데 남다른 능력이 있었다.

2005년, 당대를 대표하는 게이 씨네아스트며 고통받는 청춘의 뒷모습을 가장 잘 그린 구스 반 산트(Gus Van Sant)가 커트 코베인의 죽음을 그린다고 했을 때 너바나의 팬들은 영화의 개봉을 기다렸다. 하지만 너바나의 어떠한 완성된 곡이 나오지도 않고, 록스타의 멋이란 찾을 수 없었다. 많은 이들은 이 영화가 커트 코베인과 아무런 관계없는 영화라며 실망을 금하지 못했다. 하지만 약물로 인한 사고로 여러 번 죽음의 고비를 넘기고 장총으로 자살한 인물의 마지막 며칠이 록커의 에너지와 그루브를 느낄 수 있는 시간일까? 물론 오프닝 장면에 너바나가 무대에서 난장을 부리는 장면을 삽입했다면 흥행에 도움은 되었겠지만, 구스 반 산트가 그리고자 했던 연출과는 거리가 멀었을 것이다. 장 뤽 고다르가 롤링 스톤스의 녹음 장면을 담을 때와 비슷한 상황이다. 더욱이 〈제리(Gerry)〉 〈앨리펀트(The Elephant)〉 〈파라노이드 파크(Paranoid Park)〉까지 죽음을 통해 영화적 감흥을 창조한 구스 반 산트의 필모그래피를 생각한다면 오히려 예상되는 수순이다.

이 영화에는 너바나의 곡 이상으로 잘 알려진 곡이 나온다. 당시 가장 큰 인기를 얻고 있던 아카펠라와 뉴 잭 스윙[31] 그룹인 보이스 투 맨(Boyz 2 Men)의 히트곡 'On Bended Knee'가 TV 속에서 장시간 나온다. 그런지와는 완전히 정반대에 있는 (흔히들 상업적이라고 비판하기도 하는) 대중적인 곡이 흐느적거리는 영화 속 커트 코베인 — 영화에서는 영국의 시인이자 화가인 윌리엄 블레이크에서 따왔으리라 추정되는 블레이크(Blake)라는 다른 이름이 사용된다 — 과 대치할 때의 뉘앙스는 기묘하다.

영화 속 커트 코베인의 공연 장면은 없지만 그의 연주 장면이 있다. 단정하게 정해진 곡을 연주하는 대신 노이즈를 발산하는 연주 장면은 너바나가 존경하는 소닉 유스의 음악과 닮았으며(영화에는 소닉 유스의 킴 고든이 출연한다), 어쩌면 커트 코베인이 음악을 하는 방식과 오히려 닮았을 수 있다.

사람들은 전형적인 록스타의 굴레에 저항한 커트 코베인을 그리워한다고 말하지만 정작 사람들이 그리워하는 것은 커트 코베인이 그토록 증오한 또 다른 스타일의 록스타인 너바나와 커트 코베인이다. 그런 면에서 〈라스트 데이즈〉는 진실한 커트 코베인의 모습과 닮았다.

죽음으로 고뇌하는 청춘을 담은 이 영화를 보고 나면 오히려 살아남은 너바나의 멤버 데이브 그롤의 밴드인 푸 파이터스가 듣고 싶어진다. 2013년, 데이브 그롤이 직접 제작한 사운드 시티를 보면 닐 영(Neil Young)에서 너바나에 이르기까지 미국의 웨스트코스트록의 역사와 너바나에서 물려받은 유일한 유산인 자연스럽지만 강력한 사운드에 대한 그의 굳건한 신념을 느낄 수 있다. 죽음은 전설을 만들지만 살아남은 이가 들려주는 록은 우리가 지금 살아있음을 느끼게 한다.

트레인스포팅(Trainspotting, 1996)

90년대 미국에서 너바나와 펄 잼 같은 시애틀 출신의 지글거리는 사운드가 인기를 얻고 있을 때, 영국은 브릿팝(Britpop)이라는 전혀 다른 트렌드가 인기를 얻고 있었다. 미국의 그런지와 영국의 브릿팝은 대안(얼터너티브) 또는 모던하다는 얼버무림으로 같이 묶이기도 했지만 실제로는 많이 달랐다. 미국의 그런지가 기본적으로 지글거리는 기타 소리 속에 루저의 정서를 담아낸 것과 달리 영국의 브릿팝은 쿨 브리태니아(Cool Britannia)라는 명분으로 60년대 브리티시 인베이전의 사운드와 스윙잉 런던(Swinging London)이라는 문화적 흐름을 재활용했다. 특히 영국적 위트를 담아냈던 킹크스나 더 후 같은 모드족의 전통에 많은 영향을 받았다. 70년대 데이비드 보위와 마크 볼란의 글램과 이기 팝, 클래시, 더 잼의 펑크, 80년대의 스미스(The Smith), 스톤 로지스(Stone Roses), 해피 먼데이스(Happy Mondays)의 매드체스터까지 누적된 인디씬의 성향이 90년대 중반에 폭발하면서 브릿팝이라는 장르로 규정되었다.

블러(Blur)의 데이몬 알반(Damon Albarn)은 "펑크가 히피들을 죽였듯이 우리가 그런지를 죽일 수도 있다."라고 이야기하며 그런지에 대한 영국의 응답이라는 그들의 위치를 굳이 부정하지 않았다. 또한 오아시스의 갤러거 형제는 너바나를 제외한 어떠한 그런지 밴드도 인정하지 않는다며 미국의 그런지와 대립각을 세웠다. 브릿팝 뮤지션들 사이에는 토니 블레어의 노동당 정권 아래서 이전과 달라진 젊은 세대의 정서를 반영한다는 기본적인 공통점은 있었다.

1996년에 발표된 〈트레인스포팅〉은 쿨 브리타니아의 경향을 정확히 반영하며 90년대의 영국을 대표하는 영화로 평가되며, 대니 보일과 이완 맥그리거를 단번에 스타로 만들었다. 영화의 시작부터 거침없이 뛰고, 약을 찾기 위해 화장실 변기로 빨려 들어가는 이완 맥그리거는 결코 잊히지 않는 강력한 인상을 남겼다. 영화 속 스코틀랜드 아이들은 약물에 탐닉하고 범죄에 별다른 죄책감이 없다.

〈트레인스포팅〉의 삽입곡 'Born Slippy'로 유명해진 언더월드의 환상적 공연 장면.

물론, 이 영화가 주는 매력의 정점은 음악에 있다. 펑크, 기타팝, 일렉트로니카 등 영화 속에 등장하는 각 곡은 영화의 감각적인 장면과 강력한 시너지를 일으킨다. 70년대 이기팝, 브라이언 이노, 데이비드 보위 그리고 루 리드(Lou Reed), 80년대의 뉴 오더처럼 브릿팝의 뿌리와도 같은 뮤지션과 더불어 블러, 펄프(Pulp), 프라이멀 스크림(Primal Scream) 그리고 언더월드(Underworld)까지 전성기 브릿팝의 정의와 같은 뮤지션 리스트가 이 영화의 OST에 포함되어 있다. 대니 보일의 영화는 브릿팝을 효과적으로 사용하여 걸작의 반열에 올랐고, 각각의 싱글 역시 탁월한 영상과 시너지를 만들며 그 자체가 하나의 뮤직비디오가 되었다.

〈트레인스포팅〉에서 각각의 청춘이 지속될 수 없는 것처럼 브릿팝이라는 경향 역시 그다지 오래가지 못했다. 브릿팝의 슈퍼스타였던 오아시스는 멤버 간의 불화로 해체했고, 블러의 데이먼 알반은 힙합 같은 다른 음악에 관심을 가지면서 브릿팝은 무의미해졌다. 하지만 라디오헤드와 버브에 이어 콜드플레이(Coldplay), 뮤즈(Muse), 스노우 패트롤(Snow Patrol), 엘보우(Elbow) 등 보다 감성적인 영국 록이 전 세계적인 히트를 기록하면서 포스트 브릿팝으로 규정되기도 한다. 청춘은 한때지만 청춘이 남긴 기록은 우리들에게 여전히 즐거움을 준다.

X됐다, 피트통(It's All Gone Pete Tong, 2004)

디스크 자키(Disc Jockey)의 약어인 DJ는 청중에게 녹음된 음악을 재생하는 사람이다. 전통적인 의미에서 DJ는 음악의 유통을 담당하는 사람이지만 생산을 담당하는 사람은 아니었다. 물론 대중음악에서 유통의 역할도 상당히 중요하다. 지금 한국 대중음악에서 배철수의 역할이 절대적인 것처럼 말이다. 또한 50년대 미국에서도 로큰롤의 아버지라고도 불리는 앨런 프리드(Alan Freed)라는 DJ가 척 베리 같은 초기 리듬 앤 블루스에 로큰롤이라는 이름을 붙여 적극적으로 알렸기에 로큰롤이 주류 음악이 될 수 있었다.

하지만 최근 힙합과 전자음악의 득세에 힘입어 DJ는 음악의 유통뿐만 아니라 생산을 직접 담당하기도 한다. 각종 소스를 선택한 후 여러 개의 턴테이블로 스크래칭을 하며 새로운 사운드를 만들어내는 방법은 이제 하나의 대세가 되었다. 이는 새로움에 집착하던 60년대와 달리 재창조라는 개념이 득세하는 90년대 이후에 보다 많은 이들의 반응을 끌어낼 수 있었다. 2012년을 기준으로 전 세계에는 무려 125만 명의 DJ가 있다고 한다. 디제잉으로 인해 누구나 근사한 음악을 만들 수 있는 환경이 된 것이다.

90년대의 레이브 씬은 댄스 음악과 DJ에 대한 개념을 바꾸었다. 클럽에서는 하룻밤을 책임질 수 있는 슈퍼스타 DJ를 마케팅에 활용하기 시작했고, 이로 인해 팻 보이 슬림(Fat Boy Slim)과 같은 DJ는 하나의 브랜드가 되었다. 슈퍼스타 DJ들은 전 세계 클럽을 투어하며 록밴드의 역할을 대체하기 시작했다. 최소 3명에서 수백 명에 이르는 록밴드의 투어 스태프와 달리 경제적으로도 매력적인 방식이다. 2000년대에는 록밴드의 자리였던 록페스티벌의 헤드라이너 자리를 야금야금 빼앗았고, 전자음악이 중심인 글로벌 게더링이나 울트라 뮤직 페스티벌 같은 행사가 성공을 거두고 있다.

반면 전 세계에서 명품 아티스트를 찾는 것처럼 특정 지역이 명품이 되어 전 세계 클러버들이 찾는 곳도 있다. 지중해의 아름다운 휴양지 이비자(Ibiza) 섬이 그렇다. 〈X됐다, 피트통〉은 이비자 섬을 배경으로 슈퍼스타 DJ에게 닥친 치명적인

〈X됐다,피트통〉 중에서.

시련과 극복을 이야기한다.

이 영화는 상투적인 시련 극복 스토리를 넘어서 90년대 후반부터 대세가 된 클럽 디제잉의 즐거움을 정확하고 깨알같이 담아내면서 영화의 전체적인 호흡을 시종일관 유지한다.

DJ 프랭키 와일드는 천부적인 재능으로 슈퍼스타가 되고 파티의 천국 이비자 섬에서 모든 것을 흥청망청 누리며 즐겼다. 하지만 프랭키 와일드는 청력을 서서히 그리고 완전히 잃어간다. 그나마 청력을 유지할 유일한 방법은 방탕한 생활과 디제잉을 그만두는 것이지만 그에게 그것은 사형 선고와 같다. 잃어버린 청력으로 그의 일이 엉망이 되었을 때, 관중은 실망하고, 이어서 음반 회사에서도 해고되고, 아내에게도 버림받는다. 과연 이 상황의 출구는 어디일까?

프랭키 와일드가 슈퍼스타 DJ가 된 것은 천부적인 재능만큼 디제잉에 대한 열정이 있었기에 가능했다. 디제잉은 그가 가장 좋아하는 일이며 어떻게든 계속 해야 할 일이었다. 그리고 절실함이 있을 때 치명적 한계를 극복하고 그 이상의 결과를 만들 수도 있음을 이 영화는 자연스럽고 유쾌하게 펼쳐나간다. 우리는 비슷한 상황을 극복한 베토벤이라는 전설이 있음을 이미 알고 있다. 또 손가락이 잘린 블랙 사바스의 기타리스트 토니 아이오미가 그만의 방법으로 남들이 못하는 개성을 만들었고, 데프 레파드의 드러머 릭 앨런이 교통사고로 왼쪽 팔을 잃은 후에 그 이상의 결과물을 만들어냈음을 우리는 알고 있다.

이 영화에서 프랭키 와일드가 시련을 극복하는 과정은 클럽 디제잉의 절차와 본질에 접근하는 과정이다. 영화가 끝난 후 디제잉 따위는 실제로 연주하는 음악이 아니라고 여기던 기존의 록 팬들마저도 새로운 세계에 관심을 가질 수 있었다.

아이 엠 트라잉 투 브레이크 유어 하트(I Am Trying to Break Your Heart, 2002)

신세기에 들어서면서 음악의 제작, 유통, 소비의 변화로 인디록이 주목받기 시작한다. 이전까지 인디록의 의미가 음악에 대한 태도였다면 이제는 그 자체로 장르의 의미를 가진다. 그런 측면에서 그리고 순전히 음악적인 수준에서 윌코(Wilco)는 동시대를 대표할 로큰롤 밴드다. 컨트리를 비롯한 다양한 로큰롤의 루츠와 더불어 그룹 텔레비전과 같은 펑크의 영향을 고루 받은 그들의 음악은 실험적이지만 맛깔스러운 사운드로 내는 앨범마다 높은 수준과 강한 흡입력을 유지하는 몇 되지 않는 동시대의 밴드다. 「롤링 스톤」은 윌코를 '미국에서 가장 꾸준하게 재미있는 밴드 중 하나'며, '미국의 가장 뛰어난 록 인상주의자'라고 평가했다. 어떤 비평가들은 윌코

녹음 작업 중인 윌코.

를 가리켜 라디오헤드에 대한 미국의 응답이라고 했다. 그만큼 꾸준하면서 실험적이고 미국적인 밴드기 때문이다.

윌코가 인디록의 전설로 되는 그 시점의 이야기는 샘 존스(Sam Jones)의 흑백 다큐멘터리 〈아임 트라잉 투 브레이크 유어 하트〉에 담겨 있다.

이 다큐멘터리는 21세기 첫 10년을 대표하는 윌코의 4번째 앨범 "Yankee Hotel Foxtrot" 제작과 유통에 관한 영화다. 윌코는 영국의 프로테스트 포크 싱어 빌리 브랙(Billy Bragg)과 함께 우디 거스리를 해석하는 작업을 했고, 4번째 정규 앨범을 준비 중이었다. 윌코의 리더이자 보컬인 제프 트위디와 연주의 핵심인 제이 버넷(Jay Bennett)은 몇몇 곡의 방향성에서 지속적으로 충돌하기 시작한다. 앨범 작업이 완료된 후 제프 트위디는 밴드에서 제이 버넷을 제외하기로 결정한다. 이 영화는 앨범의 제작 과정과 멤버 간의 갈등이라는 밴드에서 가장 흔하면서 중요한 부분을 다룬다.

밴드에게 중요한 것은 또 있다. 레이블과 계약하고 음반을 통해 수익을 내는 것이다. 윌코는 지난 앨범을 통해 충분한 음악적 성과를 얻었지만 윌코가 소속된 워너 산하의 레이블 리프라이즈(Reprise)는 이 앨범의 판매 실적이 불만스러웠고 새 앨범의 발매를 거부했다. 윌코는 지지부진한 상황을 타개하기 위해 앨범의 전곡을 웹사이트에 스트리밍할 것을 결정했다. 그런데 이 결정은 오히려 전화위복이 된다. 새 앨범의 스트리밍은 급격히 성장하는 인터넷 사용자의 호응에 힘입어 폭발적인 반응을 보였고 윌코는 워너 산하의 또 다른 레이블인 논서치(Nonesuch)와 기존 계약의 두 배가 넘는 금액으로 재계약에 성공하며 대중성과 작품성을 동시에 잡는다. 이것은 더 이상 좋은 음악에 투자하기를 주저하는 음악 자본의 한계와 인디적 유통 방식의 가능성을 알리는 중요한 사건이다. 그런데 리프라이즈의 선택이 정말 아둔하기만 한 것일까? 윌코를 대신해서 리프라이즈가 전폭적으로 투자한 밴드는 플레이밍 립스(Flaming Lips)였다. 늘 그렇듯이 세상은 그렇게 단순하지 않다.

셧 업 앤 플레이 더 히츠(Shut up and Play the Hits, 2012)

뉴욕 출신의 LCD 사운드시스템(LCD Soundsystem)은 일렉트로니카와 록의 하이브리드의 정점을 찍은 밴드다. 제임스 머피(James Murphy)의 밴드지만 디제잉 의존도가 높은 다른 일렉트로니카 뮤지션과 달리 라이브에서는 그 어떤 록밴드보다도 강력한 사운드를 추구한다. 밴드 멤버를 소집하기 어려울 때에는 제임스 머피가 디제잉으로 투어하기도 한다. 밴드의 리더, DJ, 프로듀서, 엔지니어, DFA 레이블의 창업자 등 다양한 재능과 인맥으로 여러 방면에서 활동하는 제임스 머피는 뉴욕의 공기에 최적화된 뮤지션이다. 당시 뉴욕이 지닌 포스트 펑크의 호전성을 담고 있지만 탁월한 프로듀서며 DJ인 제임스 머피가 적시 적소에 사운드를 배치해서 가장 춤추기 좋은 음악을 만든다. LCD 사운드시스템의 강점은 과하게

LCD 사운드시스템의 역동적 공연장면.

매끈한 다른 일렉트로니카 뮤지션과 달리 '라이브'가 지니는 질감과 폭발력을 이해하고 있다는 점이다. LCD 사운드시스템의 음악으로 록 팬들은 헤드뱅잉을, 일렉트로니카 팬은 클럽 댄스를 즐길 수 있다. 21세기와 함께 시작한 LCD 사운드시스템은 정확히 10년간 활동했고, 2011년 뉴욕의 매디슨 스퀘어 가든에서 길고 긴 고별공연 후 해체했다.

영화 〈셧 업 앤 플레이 더 히츠〉는 한 시대를 열광시켰던 뮤지션이 실제 라이브를 통해 어떻게 역동적인 사운드를 창조하는지를 보여줄 뿐만 아니라 고별 공연 직전과 직후의 복잡한 감정을 담아낸다. 과격한 에너지를 분출하는 록커로 기억되는 제임스 머피는 애완견을 끌고 아침을 즐기는 섬세한 감성의 뉴요커기도 하다. 또한 그가 밴드를 해체한 이유가 투어 기간 동안 늘어가는 흰머리를 감당하기 어려워서였다는 것에서 전 시대와 다른 록 뮤지션의 태도를 발견할 수 있다.

글래스톤베리(Glastonbury, 2008)

줄리안 템플이 연출한 다큐멘터리 영화 〈글래스톤베리〉는 원시 공동체를 지향하는 글래스톤베리 페스티벌에 관한 이야기를 담고 있다. 이 행사는 동시대 대중음악과 문화의 상징이 되었다.

글래스톤베리의 매력은 심각한 범죄 수준이 아닌 악행이 어느 정도 허용되면서 생기는 문화적 다양함이다. 레프트필드(left field) 텐트에서 밤새도록 떠드는 빌리 브랙(Billy Bragg) 같은 좌파나 메인 스테이지에서 반전을 외치며 광적으로 호응하는 자유주의자, 뱅크시(Banksy)를 연상시키는 거리 미술가, 다양한 나라의 음악가 등 각자가 다른 개성을 지니지만 그 속에서 하나의 공동체 의식을 지니게 되는 것은 흔치 않은 경험이다.

늘 그렇듯이 악행의 자유를 어디까지 허용해야 하는지에 대한 경계는 애매하다. 글래스톤베리로 공짜 티켓을 얻어 몰려오는 히피들은 위험하고 무정부주의적인 성향이 강하지만, 권위와 제약에 반항하는 영국적 개성을 만들었고 독자적인 문화와 쇼를 만들었다. 어쩌면 이를 통해 유래한 공동체 문화가 거대한 피라미드에서 펼쳐지는 유명 뮤지션의 쇼 이상으로 글래스톤베리를 다르게 만드는지도 모른다. 하지만 글래스톤베리를 만든 이비스는 심각한 마약과 폭력 사태로 인해 90년대 이후 히피의 출입을 금지했다. 이에 화가 난 클래시의 조 스트러머(Joe Strummer)는 주최 측과 사람들을 감시하는 CCTV를 비난하며 보이는 데로 카메라를 부숴버린다.

40년의 시간을 거치면서 글래스톤베리는 그 자체로 대단한 저력이 있다. 최근 들어서 수많은 페스티벌이 음악과 문화

글래스톤베리 레프트필드 텐트에서 토론 중인 사람들.

를 주도하고 있지만 그럼에도 글래스톤베리가 지닌 문화적 파괴력을 넘지는 못하며 공동체 의식 역시 따라올 수는 없다. 그래서 "나 같은 놈이 할 수 있다면 너도 할 수 있다."라며 펄프가 'Common People'을 노래하는 장면이나 "누구나 오늘은 영웅"이라며 데이비드 보위가 'Heroes'를 열창하는 장면은 의미심장하다. '평범한 우리 각자가 오늘의 주인공'이라는 것은 글래스톤베리가 지속해야 할 이유며 또한 모든 페스티벌과 공동체의 목표기도 하다.

에필로그

음악영화는 다른 영화는 줄 수 없는 희열이 있다. 이 희열은 음반이나 공연을 즐길 때의 쾌락과 비슷하지만 또 다르다.

〈십자로〉에서 랄프 마치오가 스티브 바이라는 악마와 불꽃같은 기타 배틀을 벌일 때, 〈제일하우스 록〉에서 엘비스가 죄수복을 입고 하체를 흔들 때, 〈열정의 로큰롤!〉에서 제리 리 루이스가 피아노를 불태우며 연주할 때, 〈돌아보지 마〉에서 밥 딜런이 존 바에즈와 호텔 방 안에서 음악으로 교감을 나눌 때, 〈우드스탁〉에서 지미 헨드릭스가 기타를 불태울 때, 〈올모스트 페이머스〉에서 투어 버스 안에 하나 둘씩 엘튼 존의 'Tiny Dancer'를 따라 부를 때, 〈라스트 왈츠〉에서 밴 모리슨이 발차기로 자신의 무대를 마무리할 때, 〈내슈빌〉에서 키스 캐러딘이 'I'm Easy'를 읊조릴 때, 〈X됐다, 피트통〉에서 프랭키 와일드가 DJ로 부활하는 순간, 〈트레인스포팅〉에서 이완 맥그리거가 'Lust for Life'와 함께 거리를 질주할 때, 〈글래스톤베리〉에서 사람들이 일출을 기다릴 때.

이렇게 로큰롤이 선물하는 순간의 짜릿함이 모이면 하나의 역사가 된다. 악마에 영혼을 팔면서 얻은 블루스는 엘비스의 요란한 하체와 제리 리 루이스의 불타는 피아노, 오리걸음으로 기타를 연주하는 척 베리를 통해 로큰롤이 되었다. 요란한 함부르크의 펍에서 밤새도록 로큰롤을 연주하던 4명의 영국 소년이 미국을 충격에 빠뜨릴 때 포크를 하던 밥 딜런이 전기기타를 들며 미국적 록음악이 시작되었다. 행복했던 우드스탁과 그 행복한 기억을 지워버리는 알타몬트에서의 살인 사건은 낙관적인 60년대의 종언이었고, 이어지는 70년대는 진지한 자극과 과잉의 시대였다. 펑크와 디스코의 폭풍이 휩쓸고 지나간 후 맞이한 80년대는 전 시대의 과도한 진지함을 대신하는 댄스와 팝의 시대다. 90년대 미국과 영국에서 서로가 이전 시대 음악의 대안이라 주장했고 전자음악과 인디록이라는 새로운 대안 장르가 등장한다.

50년대 중반에 탄생한 로큰롤은 이제 사람의 나이로 치면 환갑이 되었다. 지난 세기, 사람들의 희로애락과 함께했던 록

음악이라는 선물이 소중한 만큼 지금 현재의 짜릿함을 기억하게 할 새로운 음악의 출현을 기대한다.

영상자료

- 월터 힐, 〈십자로(Crossroads)〉, 1986
- 조엘 코엔/에단 코엔, 〈오 형제여 어디 있는가?(O Brother, Where Are Thou?)〉, 2000
- 마틴 스콜세지 외, 〈더 블루스(The Blues)〉, 2003
- 리처드 브룩스, 〈폭력 교실(Blackboard Jungle)〉, 1955
- 리처드 소프, 〈제일하우스 록(Jailhouse Rock)〉, 1957
- 테일러 해크포드, 〈헤일!헤일! 로큰롤(Hail! Hail! Rock 'n' Roll)〉, 1987
- 짐 맥브라이드, 〈열정의 로큰롤!(Great Balls of Fire!)〉, 1989
- 존 랜디스, 〈블루스 브라더스(The Blues Brothers)〉, 1980
- D.A. 페너베이커, 〈돌아보지 마(Dont Look Back)〉, 1967
- 마틴 스콜세지, 〈노 디렉션 홈: 밥 딜런(No Direction Home: Bob Dylan)〉, 2005
- 토드 헤인스, 〈아임 낫 데어(I'm Not There)〉, 2007
- 이언 소프트리, 〈백비트(Backbeat)〉, 1993
- 리처드 레스터, 〈하드 데이즈 나이트(A Hard Day's Nght)〉, 1964
- 리처드 레스터, 〈헬프!(Help!)〉, 1965
- 조지 해리슨/버나드 노울즈/존 레넌, 〈매지컬 미스테리 투어(Magical Mystery Tour)〉, 1967
- 조니 더닝, 〈옐로우 서브마린(Yellow Submarine)〉, 1968
- 마이클 린제이 호그, 〈렛 잇 비(Let It Bee)〉, 1970
- 마틴 스콜세지, 〈조지 해리슨 (George Harrison: Living In The Material World)〉, 2011
- 샘 테일러우드, 〈존 레넌 비긴즈(Nowhere Boy)〉, 2009
- 빌 콘돈, 〈드림걸즈(Dreamgirls)〉, 2006
- 앨버스 메이즐스/데이비드 메이즐스, 〈김미 쉘터(Gimme Shelter)〉, 1970
- 스티븐 울리, 〈스톤드(Stoned)〉, 2005

- 마틴 스콜세지, 〈샤인 어 라이트(Shine a Light)〉, 2007
- 로버트 프랭크, 〈콕서커 블루스(Cocksucker Blues)〉, 1972
- 장 뤽 고다르, 〈원 플러스 원(One Plus One)〉
- 도널드 캠멜/니콜라스 뢰그, 〈퍼포먼스(Performance)〉, 1970
- 피터 화이트헤드(1966)/믹 고차노(2012), 〈찰리 이즈 마이 달링(Charlie is My Darling)〉, 1966/2012
- 스테픈 키작, 〈스톤스 인 익사일(Stones In Exile)〉, 2010
- 브랫 모간, 크로스파이어 허리케인(Crossfire Hurricane)〉, 2012
- 켄 러셀, 〈토미(Tommy)〉, 1975
- 프랭크 로덤, 〈콰드로페니아(Quadrophenia)〉, 1979
- 마이클 워드라이, 〈우드스탁(Woodstock)〉, 1970
- 이안, 〈테이킹 우드스탁(Taking Woodstock)〉, 2009
- 니콜라스 뢰그, 〈지구에 떨어진 사나이(The Man Who Fell to Earth)〉, 1976
- 마틴 스콜세지, 〈라스트 왈츠(The Last Waltz)〉, 1978
- 미켈란젤로 안토니오니, 〈자브리스키 포인트(Zabriskie Point)〉, 1970
- 카메론 크로, 〈올모스트 페이머스(Almost Famous)〉, 2000
- 앨런 파커, 〈더 월(The Wall)〉, 1982
- 로버트 알트만, 〈내슈빌(Nashville)〉, 1975
- 제임스 맨골드, 〈앙코르(Walk the Line)〉, 2005
- 존 바담, 〈토요일 밤의 열기(Saturday Night Fever)〉, 1977
- 알렉스 콕스, 〈시드와 낸시(Sid and Nancy)〉, 1986
- 조나단 드미, 〈스톱 메이킹 센스(Stop Making Sense)〉, 1984
- 롭 라이너, 〈이것이 스파이널 탭이다(This is Spinal Tap)〉, 1984
- 마이클 윈터바텀, 〈24시간 파티 피플(24 Hour Party People)〉, 2002
- 안톤 코빈, 〈컨트롤(Control)〉, 2007
- 앨버트 매그놀리, 〈퍼플 레인(Purple Rain)〉, 1984
- 제리 크레이머/짐 블래시필드/콜린 칠버스, 〈문워커(Moonwalker)〉, 1988
- 알렉 커시시언, 〈진실 혹은 대담(Madonna: Truth Or Dare)〉, 1991

- 앨런 파커, 〈에비타(Evita)〉, 1996
- 필 조아누, 〈래틀 앤 험(Rattle and Hum)〉, 1988
- 구스 반 산트, 〈라스트 데이즈(Last Days)〉, 2005
- 마이클 도즈, 〈X됐다, 피트통(It's All Gone Pete Tong)〉, 2004
- 대니 보일, 〈트레인스포팅(Trainspotting)〉, 1996
- 샘 존스, 〈아이 엠 트라잉 투 브레이크 유어 하트(I Am Trying To Break Your Heart)〉, 2002
- 줄리언 템플, 〈글래스톤베리(Glastonbury)〉, 2006

주

1) 슬라이드 기타와 감성적 보컬로 유명한 미시시피 출신의 블루스 뮤지션.
2) 델타 블루스의 아버지로 평가된다.
3) 어두운 단조의 기타 연주로 절망감을 표현한 델타 블루스 뮤지션.
4) 대규모 농장을 지칭하며 델타 블루스는 미시시피의 플랜테이션에서 일하는 흑인 노동자에 의해 탄생했다.
5) 1940년대 유행한 업 템포의 블루스
6) 현재 흑인의 보컬 톤을 흉내 내는 발라드로 변질되었지만 말 그대로 리드미컬한 블루스를 의미한다.
7) 거장. 1980년대 이후 극단적인 테크닉을 지닌 일군의 기타리스트를 지칭한다.
8) 델타 블루스 뮤지션으로 12바 블루스의 특징을 완성하는데 큰 기여를 했다.
9) 토킹 블루스(Talking Blues)라는 독창적인 양식을 완성한 컨트리 블루스 뮤지션.
10) 더 블루스의 소개글에서 인용함
11) I-IV-V를 기본으로 하는 블루스의 전형적인 코드 진행 방식.
12) 로큰롤의 초기 형태.
13) 국가 별로 차이가 있으나 미국의 경우, 앨범이나 싱글이 백만장 이상 팔린 것을 의미한다.
14) 파워풀한 보컬을 특징으로 하는 여성 리듬 앤 블루스 보컬리스트.
15) Don't에서 '(어포스트로피)가 생략된다.
16) 사회의 문제에 관해 발언하고 행동을 취하는 포크 장르의 하나.
17) 4/4박자를 기준으로 2번째와 4번째를 강하게 가는 싱코페이션 비트로 로큰롤 비트의 근간이 된다.
18) 그램 파슨스를 축으로 한 컨트리록 밴드.
19) 데이비드 보위의 두 번째 앨범이자 히트 싱글. 아폴로 11호의 달 착륙과 함께 데이비드 보위가 주목받는 계기가 되었다.
20) 글램의 시대를 알린 데이비드 보위의 대표 앨범 〈The Rise and Fall of Ziggy Stardust and the Spiders from Mars〉 속 캐릭터.

21) 지구로 떨어지는 사과로 만유인력을 발견한 뉴튼을 연상시킨다.

22) 믹 재거를 묘사할 때 백인이 부르는 소울을 지칭하기 위해 사용되었으며 데이비드 보위는 75년 앨범 〈Young Americans〉에서 플라스틱 소울을 내세웠다.

23) 캐나다 태생의 로큰롤 뮤지션.

24) 폴 매카트니가 어린 시절의 기억에 관해 작곡한 비틀즈의 상큼한 노래에서 차용했으리라 예상된다.

25) 바이올린과 유사한 현악기.

26) 독특한 소프라노 톤의 여성 컨트리 뮤지션.

27) 여성 3인조 컨트리 밴드. 상업적으로도 크게 성공했으나 조지 부시를 비난했다고 곤란해서 처하기도 했고 이는 다큐멘터리로 발표되기도 했다.

28) 허구를 실제 다큐멘터리처럼 연출하는 방식.

29) 시카고 선타임즈에 꾸준히 기고하며 영화 평론가 중 최초로 퓰리처상을 수상했다.

30) 사교 집단의 두목이자 연쇄 살인마.

31) 리듬 앤 블루스와 힙합이 정교하게 혼합된 흑인 음악 장르.

영화로 보는 로큰롤

펴낸날 **초판 1쇄 2013년 6월 28일**

지은이 **김기범**
펴낸이 **심만수**
펴낸곳 **(주)살림출판사**
출판등록 **1989년 11월 1일 제9-210호**

주소 **경기도 파주시 문발동 522-1**
전화 **031-955-1350** 팩스 **031-955-1355**
기획 · 편집 **031-955-4662**
홈페이지 **http://www.sallimbooks.com**
이메일 **book@sallimbooks.com**

ISBN 978-89-522-2684-6 04080

책임편집 **박종훈**

054 재즈

eBook

최규용(재즈평론가)

즉흥연주의 대명사, 재즈의 종류와 그 변천사를 한눈에 알 수 있도록 소개한 책. 재즈만이 가지고 있는 매력과 음악을 소개한다. 특히 초기부터 현재까지 재즈의 사조에 따라 변화한 즉흥연주를 중심으로 풍부한 비유를 동원하여 서술했기 때문에 재즈의 역사와 다양한 사조의 특징을 쉽게 이해할 수 있다.

255 비틀스

eBook

고영탁(대중음악평론가)

음악 하나로 세상을 정복한 불세출의 록 밴드. 20세기에 가장 큰 충격과 영향을 준 스타 중의 스타! 비틀스는 사람들에게 꿈을 주었고, 많은 젊은이들의 인생을 바꾸었다. 그래서인지 해체한 지 40년이 넘은 지금도 그들은 지구촌 음악팬들의 많은 사랑을 받고 있다. 비틀스의 성장과 발전 모습은 어떠했나? 또 그러한 변동과정은 비틀스 자신들에게 어떤 의미였나?

422 롤링 스톤즈

eBook

김기범(영상 및 정보 기술원)

전설의 록 밴드 '롤링 스톤즈'. 그들의 몸짓 하나하나는 우리가 생각하는 것보다 훨씬 더 탁월한 수준의 음악적 깊이, 전통과 핵심에 충실하려고 애쓴 몸부림의 흔적들이 존재한다. 저자는'롤링 스톤즈'가 50년 동안 추구해 온 '진짜'의 실체에 다가가기 위해 애쓴다. 결성 50주년을 맞은 지금도 구르기(rolling)를 계속하게 하는 힘. 이 책은 그 '힘'에 관한 이야기다.

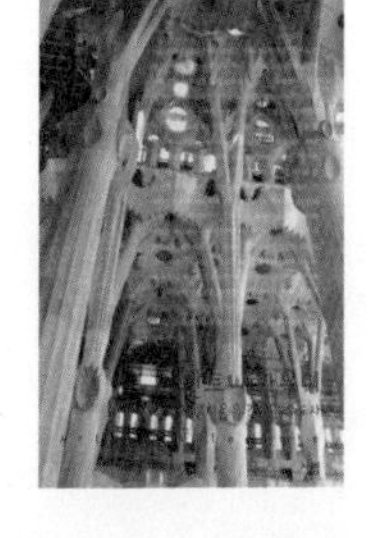

127 안토니 가우디 아름다움을 건축한 수도사

eBook

손세관(중앙대 건축공학과 교수)

스페인의 세계적인 건축가 가우디의 삶과 건축세계를 소개하는 책. 어느 양식에도 속할 수 없는 독특한 건축세계를 구축하고 자연과 너무나 닮아 있는 건축가 가우디. 이 책은 우리에게 건축물의 설계가 아닌, 아름다움 자체를 건축한 한 명의 수도자를 만나게 해준다.

131 안도 다다오 건축의 누드작가

eBook

임재진(홍익대 건축공학과 교수)

일본이 낳은 불세출의 건축가 안도 다다오! 프로복서와 고졸학력, 독학으로 최고의 건축가 반열에 오른 그의 삶과 건축, 건축철학에 대해 다뤘다. 미를 창조하는 시인, 인간을 감동시키는 휴머니즘, 동양사상과 서양사상의 가치를 조화롭게 빚어낼 줄 아는 건축가 등 그를 따라다니는 수식어의 연원을 밝혀 본다.

207 한옥

eBook

박명덕(동양공전 건축학과 교수)

한옥의 효율성과 과학성을 면밀히 연구하고 있는 책. 한옥은 주위의 경관요소를 거르지 않는 곳에 짓되 그곳에서 나오는 재료를 사용하여 그곳의 지세에 맞도록 지었다. 저자는 한옥에서 대들보나 서까래를 쓸 때에도 인공을 가하지 않는 재료를 사용하여 언뜻 보기에는 완결미가 부족한 듯하지만 실제는 그 이상의 치밀함이 들어 있다고 말한다.

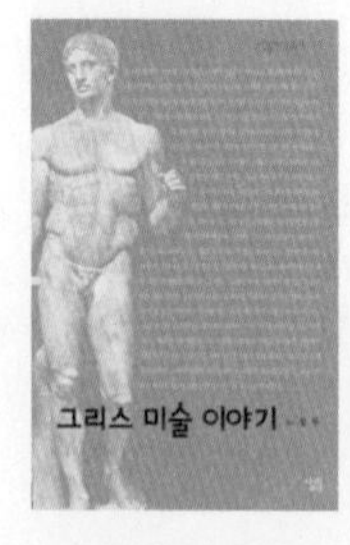

114 그리스 미술 이야기

eBook

노성두(이화여대 책임연구원)

서양 미술의 기원을 추적하다 보면 반드시 도달하게 되는 출발점인 그리스의 미술. 이 책은 바로 우리 시대의 탁월한 이야기꾼인 미술사학자 노성두가 그리스 미술에 얽힌 다양한 이야기를 재미있게 풀어놓은 이야기보따리이다. 미술의 사회적 배경과 이론적 뿌리를 더듬어 감상과 해석의 실마리에 접근하는 또 다른 시각을 제공하는 책.

382 이슬람 예술

eBook

전완경(부산외대 아랍어과 교수)

이슬람 예술은 중국을 제외하고 가장 긴 역사를 지닌 전 세계에 가장 널리 분포된 예술이 세계적인 예술이다. 이 책은 이슬람 예술을 장르별, 시대별로 다룬 입문서로 이슬람 문명의 기반이 된 페르시아 · 지중해 · 인도 · 중국 등의 문명과 이슬람교가 융합하여 미술, 건축, 음악이라는 분야에서 어떻게 표현되었는지 설명한다.

417 20세기의 위대한 지휘자

eBook

김문경(변리사)

뜨거운 삶과 음악을 동시에 끌어안았던 위대한 지휘자들 중 스무 명을 엄선해 그들의 음악관과 스타일, 성장과정을 재조명한 책. 전문 음악칼럼니스트인 저자의 추천음반이 함께 수록되어 있어 클래식 길잡이로서의 역할도 톡톡히 한다. 특히 각 지휘자들의 감각 있고 개성 있는 해석 스타일을 묘사한 부분은 이 책의 백미다.

164 영화음악 불멸의 사운드트랙 이야기

eBook

박신영(프리랜서 작가)

영화음악 감상에 필요한 기초 지식, 불멸의 영화음악, 자신만의 세계를 인정받는 영화음악인들에 대한 이야기를 담았다. 〈시네마천국〉〈사운드 오브 뮤직〉 같은 고전은 물론, 〈아멜리에〉〈봄날은 간다〉〈카우보이 비밥〉 등 숨겨진 보석 같은 영화음악도 소개한다. 조성우, 엔니오 모리꼬네, 대니 앨프먼 등 거장들의 음악세계도 엿볼 수 있다.

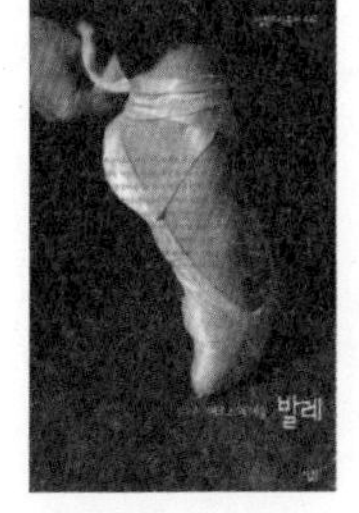

440 발레

eBook

김도윤(프리랜서 통번역가)

〈로미오와 줄리엣〉과 〈잠자는 숲속의 미녀〉는 발레 무대에 흔히 오르는 작품 중 하나다. 그런데 왜 '발레'라는 장르만 생소하게 느껴지는 것일까? 저자는 그 배경에 '고급예술'이라는 오해, 난해한 공연 장르라는 선입견이 존재한다고 지적한다. 저자는 일단 발레라는 예술 장르가 주는 감동의 깊이를 경험하기 위해 문 밖을 나서길 원한다.

194 미야자키 하야오

eBook

김윤아(건국대 강사)

미야자키 하야오의 최근 대표작을 통해 일본의 신화와 그 이면을 소개한 책. 〈원령공주〉〈센과 치히로의 행방불명〉〈하울의 움직이는 성〉이 사랑받은 이유는 이 작품들이 가장 보편적이면서도 가장 일본적인 신화이기 때문이다. 신화의 세계를 미야자키 하야오의 작품과 다양한 측면으로 연결시키면서 그의 작품세계의 특성을 밝힌다.

eBook 표시가 되어있는 도서는 전자책으로 구매가 가능합니다.